艺海慧风
——弘一大师艺话

智如 策划
章用秀 著

天津出版传媒集团

天津人民出版社
天津古籍出版社

图书在版编目（CIP）数据

艺海慧风：弘一大师艺话 / 章用秀著. — 天津：天津人民出版社：天津古籍出版社,2021.12
 ISBN 978-7-201-17965-0

Ⅰ.①艺… Ⅱ.①章… Ⅲ.①李叔同（1880-1942）—生平事迹 Ⅳ.①B949.92

中国版本图书馆CIP数据核字（2021）第265180号

艺海慧风——弘一大师艺话
YIHAI HUIFENG —— HONGYI DASHI YIHUA

章用秀 / 著

出　　版	天津人民出版社　天津古籍出版社
出版人	刘　庆
地　　址	天津市和平区西康路35号康岳大厦
邮政编码	300051
邮购电话	（022）23517902
责任编辑	张　凯　王海燕
装帧设计	鞠佳美
印　　刷	天津新华印务有限公司
经　　销	全国新华书店
开　　本	710毫米×1000毫米　1/16
印　　张	15.25
字　　数	191千字
版次印次	2021年12月第1版　2021年12月第1次印刷
定　　价	78.00元

版权所有　侵权必究
图书如出现印装质量问题，请致电联系调换（022-23517902）

李叔同——弘一大师

无尽奇珍供世人　一轮明月耀天心
（代　序）

在中国近代百年文化发展史中,李叔同是学术界公认的通才和奇才。作为中国新文化运动的先驱者,他最早将西方油画、话剧引入国内,且以擅书法、工诗词、通丹青、达音律、精金石、善演艺而驰名于世。有人说:"李叔同是中国近代文化史上的一等星。"也有人说:"李叔同就是一座博物馆。"李叔同在文化艺术上的成就确是多方面的,并且各方面是相互渗透的、难以割裂的。有人将李叔同的研究视为"弘学"体系,从各种艺术门类相互关联的大视角去认识和理解大师的成就。

李叔同是中国话剧运动的先驱、中国话剧的奠基人。他是中国第一个话剧团体春柳社的创始人和主要成员。清光绪三十三年(1907)春节演出的那场《茶花女》,是他们公演的第一部话剧,李叔同在剧中扮演女主角玛格丽特。后来,他还曾主演《黑奴吁天录》和独幕剧《相生怜》《画家与其妹》。李叔同的演出在社会上反响极大。当时日本的伊原青青园即认为,中国青年的这种演剧象征着中华民族将来的无限前途。李叔同的戏剧活动虽如星光一闪,却照亮了中国话剧发展的道路,标志着中国话剧的萌芽。特别是在话剧的布景设计、化妆、道具、灯光等许多技术方面，更是起到了开风气之先的启蒙作用。由于春柳社的影响，清光绪三十四年（1908）以后的几年间，在上海、天津等一些沿海城市，雨后春笋般地出现了众多提倡话剧的戏剧团体。

在音乐方面，李叔同是作词、作曲的大家，也是国内最早从事乐歌创作，取得丰硕成果并有深远影响的人。他主编了中国第一本音乐期刊《音乐小杂志》。国内第一个用五线谱作曲的也是他。他在国内最早推广西方钢琴。他在浙江一师讲和声、对位，是将西方通俗乐理传入中国的第一人。他最早推动"学堂乐歌"的活动。清光绪三十一年（1905），他编辑出版的《国学唱歌集》被当时的中小学取为教材。他创作的歌曲内容广泛，形式多样，主要分为三类：一是爱国歌曲，如《祖国歌》《我的国》《哀祖国》《大中华》等；二是抒情歌曲，如《春游》《早秋》《西湖》《送别》等；三是哲理歌曲，如《落花》《悲秋》《晚钟》《月》等。李叔同的歌曲大多曲调优美，歌词易于上口，因此传布很广，影响极大。如《送别》《忆儿时》等久传不衰，成为经典之作。

李叔同是中国最早介绍西洋画知识的人，也是第一个聘用裸体模特教学的人。他在《太平洋报》任职时，开创了中国近代报刊美工新风，又是中国广告美术的开创者。他同教育家、作家夏丏尊共同编辑了《木刻版画集》。他是中国现代版画艺术的最早创造者和倡导者之一。他广泛引进西方的美术派别和艺术思潮，编写出最早的中国人写的《西洋美术史》《欧洲文学之概观》《石膏模型用法》等著述，组织西洋画研究会。他在学校美术课中不遗余力地介绍西方美术发展史和代表性画家，使中国美术家第一次全面系统地了解了世界美术。作为艺术教育家，他在浙江一师授课采用现代教育法，培养出丰子恺、潘天寿、刘质平、关梦非等一批负有盛名的画家、音乐家。

李叔同本人在西画上也卓有建树。他画过大量的素描、水粉画和油画。人们在今天仍能看到其炭笔素描《少女》、水彩《山茶花》、油画《出浴》和《郊野》等作品。他出家后画过许多佛像，其印章刻的佛像均出于自己的手稿。更为可贵的是，李叔同不仅大胆引入西方美术，而且十分重视中国传统绘画理论和技法，尤其善于将西洋画法与中国画传统技法融为一体。他与弟子丰子恺合作的《护生画集》，诗画合璧，图文并茂，为世人所称道。

李叔同在书法艺术上的成就为世人所瞩目。他的书法早期脱胎于魏碑，笔势开张，逸宕灵动。后期则自成一体，冲淡朴野，温婉清拔，没有丝毫的焦躁气、世俗气、俗野气和烟火气。特别是出家后的作品，更充满了超凡的宁静和云鹤般的淡远，世俗的那种挺劲笔触、转折圭角和刻意求工的痕迹不见了，取而代之的是深湛隽永的线条、疏朗瘦长的结体。这是绚烂之极的平淡、雄健过后的文静、老成之后的质朴，恰如他自我表白的那样："朽人之字所示者，平淡、恬静、冲逸之致也。"他书法的妙处还在于"明心见性"，在于将人心佛性与宇宙万物融为一体，达到智慧明澈、平实清净的境界，既有出家人的虔诚体悟，又有艺术家的通灵意趣。叶圣陶在谈到李叔同书法时说："我不懂书法，然而极喜欢他的字。若问我他的字为什么叫我喜欢？我只能直觉地回答：因为他蕴藉有味，就一个字看，疏处不嫌其疏，密处不嫌其密，只觉得每一画都落在最适当的位置，移动一丝一毫不得。"其书法传人黄福海认为："其书敛神藏锋，古拙平整，笔力凝聚于毫端，字字珠玑，含淡雅静远的韵致，可以说世界上无人可望其项背。"

李叔同的篆刻可谓独树一帜。他早年治印从秦汉入手，兼攻浙派。35岁那年入西泠印社。39岁在杭州虎跑定慧寺出家前，将生平篆刻作品和藏印赠予西泠印社。该社为之筑"印冢"并立碑以记其事。治印、赏印、论印，是终其一生未曾放弃的癖好。他的好友吴昌硕自创钝刀，重压硬入，造成一种苍劲浑朴的意趣。他则另创一种刀口扁平而平齐如锥状的锥刀，刻出的线条圆劲灵动，印形丰神跌宕，印意平淡冲逸。他在给友人的信中提道："刀尾扁尖而平齐若锥状者,为朽人自意所创。锥形之刀,仅能刻白文,如以铁笔写字也。扁尖形之刀可刻朱文,终不见雕琢之痕,不若以锥形刀刻白文能自然之天趣也。"李叔同对印学的贡献还体现在他对近代篆刻事业的弘扬上。他发起成立了继西泠印社之后的又一印学团体——乐石社,定期雅集,并编印印社作品集和史料汇编。这也是近代篆刻史上领风气之先之事。

李叔同的诗词在近代中国文学史上同样占有一席之地。他年轻时即以才华横溢引起文坛瞩目。客居上海时,他将以往所作诗词手录为《诗钟汇编初集》,在城南文社社友中传阅。后又结集《李庐诗钟》,并写有《二十自述诗》和《辛丑北征泪墨》。出家前夕,他将清光绪二十六年至三十三年(1900—1907)间的20多首诗词汇成书卷。其中就有《留别祖国并呈同学诸子》《哀国民之心死》等不少值得称道的佳作,表现了他对国家命运和民生疾苦的深切关注。出家前的五六年间,他还有30余首歌词问世。这些作品,通过艺术的手法表达了人们在相同境遇中大都会发生的思想情绪,曾经风靡一时,有的成为经久不衰的传世之作。词家寇梦碧在《读李叔同先生诗词》中说:"叔同先生词,则兼婉约豪放之长,而题材之博大,内容之深广,实为突起异军,超越乡贤。"

李叔同对联语也有浓厚兴趣,并有极高的鉴赏和创作水平。尤其是出家后,大师为各地寺院和缁素撰作的诸多嵌字联语,更表现出他的奇思妙想和深厚的艺术功底。他将联语作为劝人为善的巧妙手段。他书写的那些内容深刻、极富哲理的名联,现也成为警示后人的一笔宝贵的文化艺术财富。

弘一大师对佛学的贡献,主要体现在他对律宗的研究和弘扬上。

佛教诸教派中,以律宗最为难修。律宗有"三千威仪,八万细行",戒律非常精严。弘一大师为振兴律学,不畏艰难,深入研修,潜心戒律,著书说法,实践躬行。他是近代佛教界备受尊敬的律宗大师，也是国内外佛教界著名的高僧。

弘一大师入佛初期，除了阅读僧人必读的经典，其进修博览而广纳。在他看来，只要有助于提高和深化佛学境界，一切佛典和其他思想系统的典籍，都可以作为参考。但弘一大师当初出家，除了厌弃世俗看破红尘，也是由于对博大精深、高深莫测的佛学思想的入迷和向往。何况，他原是个对任何事情，除非不做，做就要做得认真彻底的人。做了和尚，在佛学思想方面，自然也得做出自己的特色。对此，林子青概括说："弘一大师的佛学思想体系，是以华严为镜，四分律为行，导归净土为果的。也就是说，他研究的是华严，修持弘扬的是律行，崇信的是净土法门。他对晋唐诸译的《华严经》都有精深的研究。曾著有《华严集联三百》一书，可以窥见其用心之一斑。"

中国佛教律学，古译有四大律，即《十诵律》《四分律》《摩诃僧祇律》《五分律》。到了唐代，义净学佛于印度回国，又译出当时通行于印度的《根本说一切有部律》许多部，后人称之为"新律"，即《有部律》。弘一大师称赞义净博学强记，贯通律学精微，实空前绝后的中国"大律师"。他初学《有部律》时，写过《根本说一切有部毗奈耶犯相摘记》《自行钞》和《学根本说一切有部律入门次第》，对《有部律》是深深用过苦功的。

后来他因友人之劝，改学《四分律》。因为现存的四大律之中，《十诵律》《摩诃僧祇律》《五分律》三律，唐宋以降研究者少，其注释至今已无一存。而唐宋《四分律》独盛，时名僧著述注释颇多：唐道宣所著《四分律行事钞》《戒本疏》《羯磨疏》，称为"南山三大部"；宋杭州灵芝元照，著三部记解释道宣的三大部疏，即《行事钞资持记》《戒本疏行宗记》《羯磨疏济缘记》，称为"三疏""三记"。盛唐律学，因鉴真东渡，在东瀛得以传承。然南宋禅宗大盛，律学无人过问，这些唐宋诸家的律学撰述悉皆散失。到了清末，这些唐宋律学著述，才由日本再传中国。

弘一大师为弘扬律学,穷研《四分律》,看了唐宋律学著作之后,花了4年时间,著成《四分律比丘戒相表记》。此书和他晚年所撰的《南山律在家备览略篇》,合为他精心撰述的两大名著。弘一大师认为正法能否久住,在于《四分律》能否实践。1931年2月,他在上虞法界佛前,发专学南山律誓愿。1933年曾集合学者十余人于泉州开元寺尊胜院研究律学,称为"南山律学苑"。他根据日本回传的律书,圈点"南山三大部"并讲律修持。试读这时他为南山律学苑撰的一联,可以概见他晚年的志愿。联云:"南山律学,已八百年湮没无传,何幸遗编犹存东土;晋水僧园,有十余众承习不绝,能令正法再住世间。"

弘一大师的巨大成就,不仅仅在于他对文化艺术、佛学及其他学术领域的开拓和贡献,而且在于他还以其高尚的人格和品性为世人树立了为人处世的楷模与典范,为后人留下了咀嚼不尽的精神财富。大师在俗和出家后所表现的知难而进的坚定信念和顽强精神、崇高的道德情操、完整的独立人格、深邃的哲学思想、强烈的美学追求、严谨的治学风范、卓越的言行统一观等,都是值得深入探讨的课题。在俗时,他曾以微薄的薪金赞助刘质平出国留学,培养出一代卓有成就的文化名人;出家后教弟子"念佛不忘救国",在国家危难时刻表现出高度的爱国精神……他的高风亮节为人们所赞叹。他是一名名满国内外的中国近代具有传奇性的杰出人物。赵朴初评价他"无尽奇珍供世人,一轮明月耀天心",说他的一生"是立德、立功、立言的一生",这恰是对弘一大师李叔同人生与成就的最完美概括。

目 录

李子叔同　好古主也
　　——师从唐育垕　/ 1
青史竹如意　红颜金叵罗
　　——与"耀廷老哥"　/ 7
江南话别酒家春
　　——未见著录的一封信　/ 12
残山剩水须珍贵
　　——姚彤章的四条屏　/ 17
喜得甘林瓦砚　/ 20
李叔同和李子明　/ 23
何以去日本学习艺术
　　——严修助李叔同赴日留学　/ 27
李叔同与陈之驷
　　——关于"清末十同学"　/ 37
德修业进　佩慰兼深
　　——资助同期留学的钱永铭　/ 42

图绘教员李叔同
　　——艺术教育的起点 / 45
《袭红轩印谱》和《意园印谱》 / 50
喜读《弘一大师李叔同篆刻集》 / 52
李澂浠非李成蹊 / 57
《李叔同印存》里的余堂印及余堂其人 / 61
李叔同与乐石社及自创锥刀 / 64
印章与"印冢"
　　——叶为铭的"绍介之德" / 68
艺术之精　极于无相
　　——为马冬涵印集作序 / 71
岂因时事感　偏作怒号声
　　——爱扇藏扇书扇画扇 / 75
中国最早的水彩画
　　——兼谈《水彩画说略》 / 78
承先启后　独放异彩
　　——新发现的一幅李叔同山水画 / 82
李叔同创作《摆渡图》 / 90
文字之相　本不可得
　　——为李麟玺存玺印题句 / 97
金石无古今　艺事随时新
　　——为芗江居士题偈 / 100
兼学诸家　秦汉尤所长
　　——书赠毛善力八言联 / 103

目 录

书画风度每随时代而变易
　　——为张人希家藏书画所题跋语　/ 106

求神似　言笔法
　　——《中西画法之比较》之所言　/ 109

一在应用　一在高尚
　　——《艺术谈》里的精辟见解　/ 113

曾延年赠李叔同《秋花图》　/ 117

白民属题　为说此偈
　　——突现弘一诗札　/ 121

大师谈"写字"　/ 132

慧眼见一切　妙音满十方
　　——弘一墨宝《含注戒本科》　/ 136

高远宁谧　字字珠玑
　　——弘一手书《行事钞》　/ 144

福德因缘　普照万方
　　——弘一手书佛号桌屏　/ 148

佛智之依止　修行之法门
　　——弘一手书《华严经十行品》　/ 154

皆当以诚敬为主
　　——弘一书印光语录　/ 158

"购书单"之缘　/ 161

技进于道　文以立言
　　——为《白阳》创刊号所写　/ 163

一花一叶　孤芳致洁
　　——题陈师曾荷花小品　/ 166

以研究文学美术为宗旨
　　——文美会的主要创始人　/ 170
作悼母哀歌　/ 175
《送别》歌的词与曲　/ 177
歌曲里的爱国情怀　/ 180
"校士场"说明了什么
　　——李叔同文昌宫校歌的深层意义　/ 186
经典名作《三宝歌》　/ 190
江山如画日西斜
　　——《喝火令》赠友人　/ 193
书写格言和偈语　/ 196
笔名、室名、猫和"老鸭事件"　/ 200
以联语劝善　/ 205
悉灭众生烦恼暗
　　——为赵元礼师集句　/ 208
会心当处即是
　　——为印月长老撰　/ 212
见性　明心
　　——写给童子李芳远　/ 215

附：李叔同与城南诗社社友的诗词往还　/ 218

李子叔同　好古主也

——师从唐育垕

晚年的弘一大师,书法圆浑淳朴,绝无锋芒圭角,一以自然清朗为归,堪为一代大家。但言及大师早期书法取径与师承,不能不为晚清津门书印名家唐育垕先生书上一笔。

唐育垕,亦作毓厚,字静岩,号载庭,又号湖陵山樵、在山居士、老蘧、蘧叟。生于1823年,曾宦天津。此人精于岐黄

少年时代的李叔同

之术,后以行医为业,乘坐大轿,诊金甚昂,有"唐八吊"之称。据说唐育垕早年书学唐隶,后改习秦汉,取径虽高,然先入为主,终有唐隶气息,后来则以博涉之功,始能一洗唐隶之习。其篆刻浑稳古雅,有秦

汉风度,尤以转折处颇有《天发神谶碑》之意,辑有《颐寿堂印品》一卷。亦工山水画,然不多作。刊行于1898年的《天津纪略》,在卷八"书画门"中载有唐育垕之名,说他以"山水、篆隶"见长。

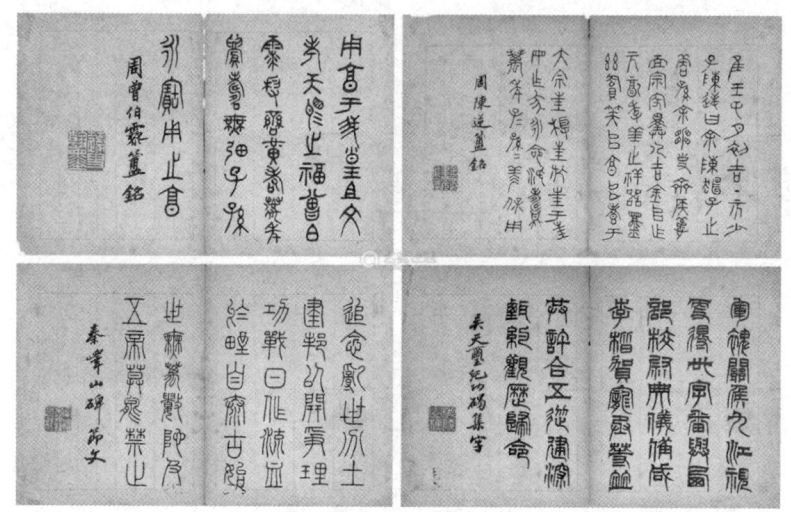

唐育垕书法册页

唐育垕教授弟子书法,力主从北碑入手,取法秦汉六朝。据津门先贤所言,天津人曾从唐育垕学习书法、篆刻者,仅知三人。一位是华靖,字文宰。此人是画论名著《南宗抉秘》的作者华琳之侄元孙。一位叫王雨南,为华靖之表亲。另一位就是李叔同。三人所学,纯属秦汉六朝,毫无唐人之气。李叔同的侄儿李晋章在《致林子青书》中记曰:"先叔刻石,就学于唐敬严师,官讳玺记不清楚;学篆亦是唐师领导。此在十六七岁时事。藉知于金石之学,不足二十岁,即已深入,非凡人所及。"从李叔同早年习作来看,由《石鼓文》《峄山刻石》《天发神谶碑》到众多的汉碑、魏碑造像均有临摹,且大都写得凝重厚实,结构舒展开张,点画方折劲健,用笔多侧锋翻转,这些均得益于唐师的指导与教诲。

李子叔同　好古主也

传世的唐育垕书法有多件为书写汉《张迁碑》《曹全碑》及"大开通"摩崖刻石等作品。笔者藏有其节录《孔龢碑》《乙瑛碑》之作（为双挖，下为溥忻画兰），与李叔同少年时所写隶书两相对照，愈见其金石书法之师承与渊源。唐的这一书法作品虽字数不多，然体势多姿，骨肉匀适，秀丽清劲，法度整严，波磔分明。我们再来看看1899年李叔同隶书节录的《曹全碑》《淮源庙碑》四条屏，结体严谨，上下贯通，已略见其师之法度与气韵，由此可知李叔同早年书法所受唐师的影响，并可窥见唐的学书取径。

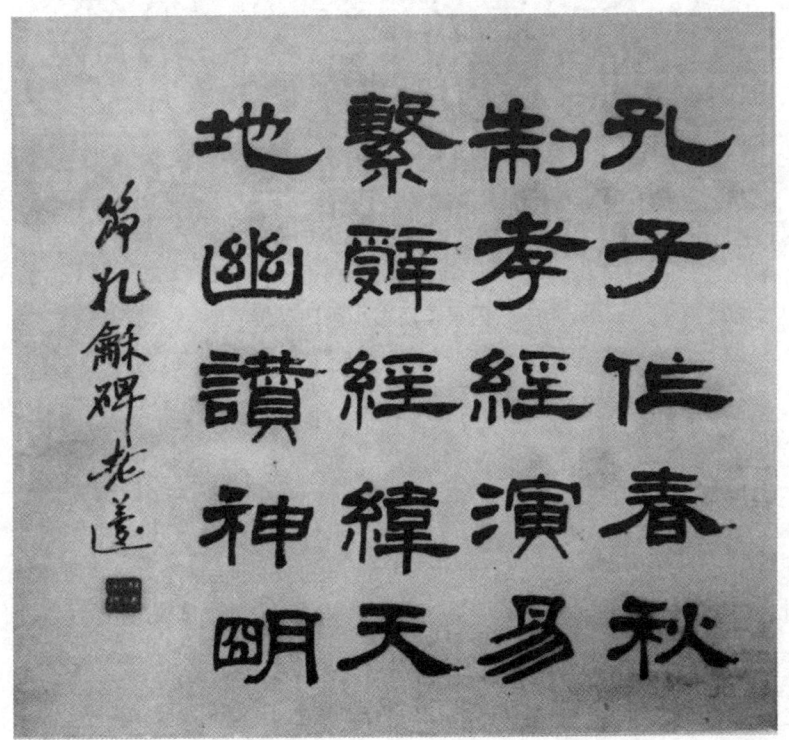

唐育垕墨迹

3

李叔同早年所书小篆四条屏

　　李叔同对唐师颇为景仰。为能使自己学有所本，博采众长，他置备一素册，请唐育垕遍书钟鼎、篆隶、八分各体。唐先生书写完毕，叔同题签册名《唐静岩司马真迹》，下署"当湖李成蹊"，册后钤有自刻"叔同过目"之篆文闲章，并于1896年舍资石印出版，以表对老师的钦敬，同时也为同好提供一学习书法之范本。这一年李叔同17岁。

《唐静岩司马真迹》封面

唐育垕对李叔同亦深为赞赏且寄予厚望。年逾七旬的唐育垕在《唐静岩司马真迹后记》中称："李子叔同,好古主也,尤偏爱拙书。因出素册念四帧。嘱书钟鼎、篆隶、八分书,以作规模。情意殷殷,坚不容辞。余年来老病频增,精神渐减,加以酬应无暇,以致笔墨久荒。重以台命,遂偷闲为临一二帧,积日既久,始获蒇事。涂鸦之诮,不免贻笑方家耳。时丙申夏月,湖陵山樵唐育垕抚于颐寿堂。"

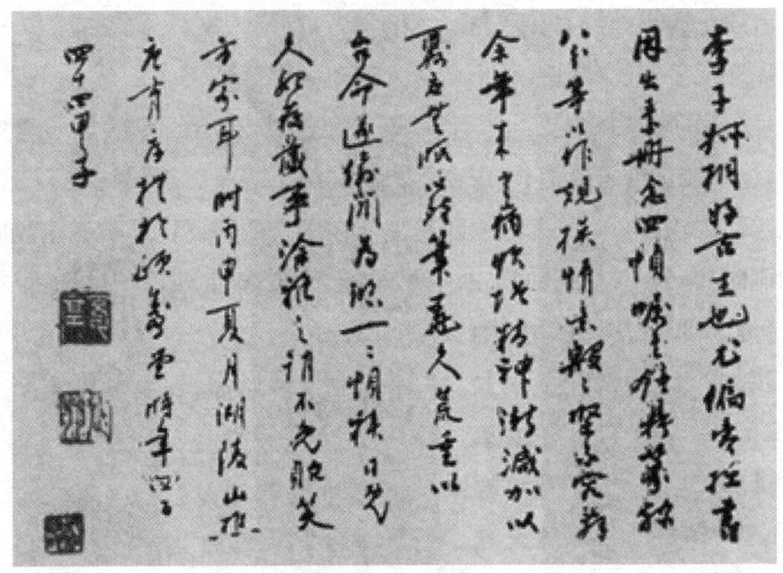

《唐静岩司马真迹》后记

老师的正确引导和早年临摹碑帖的功底,为李叔同一生的书法创作积蓄了足够的营养。自此,李的书风无论怎样变化,及至在晚年的作品中,我们也依然可以感觉到他对传统的领会和把握及其师承的痕迹。

近偶得《李息翁临古法书》影印本,更可见李叔同早年书法的雄厚根基及其师承关系。

1928年10月，李叔同的好友夏丏尊以所藏李叔同在俗时所临碑帖，出版《李息翁临古法书》一部，由上海开明书店发行。此书有夏丏尊跋，马一浮题耑，收入李叔同前期墨迹，有金文、石鼓文、小篆、隶书、八分书、楷书、行书等各体书，"临摹周秦两汉金石文字，无不精似"。夏丏尊说李书"虽片纸，人亦视如瑰宝"，"所窥涉者甚广，尤致力于《天发神谶》《张猛龙》及魏齐诸造像"。李叔同书前有云："居俗之日，尝好临写碑帖，积久盈尺，藏于丏尊居士小梅花屋十数年矣。仁者居士选辑一帙，将以锓版，示诸学者，请余为文，冠之卷首。……冀后之览者，咸会斯旨，乃不负居士倡布之善意耳。"

　　该书印成后，李叔同嘱开明书店寄出20册给天津的侄子李麟玺，让他转赠给孟广慧、姚彤章等天津的至亲老友。李叔同之子李端也曾回忆，家中"有的碑帖影印是先父在南方的好友托开明书店制版印刷的"。今距《李息翁临古法帖》面世已有90余载，其书早已难得一觅，近日又得以重新出版，实为幸事。

青史竹如意　红颜金叵罗

——与"耀廷老哥"

曾见李叔同楷书大字联，每联纵 130 厘米，横 32.2 厘米。黄撒金纸。文曰："青史竹如意，红颜金叵罗。"款："甲辰，弟广平。"钤印"李成蹊印""海上归士"。边题："剑人句，耀庭老哥大方家正。"甲辰为光绪三十年，即 1904 年，李叔同时年 25 岁，书写地点应在上海。剑人为清代蒋敦复，工诗词。"耀庭老哥"是李叔同家的账房先生徐耀廷。

徐耀廷（1857—1946），名恩煜，以字耀廷行世，又字药廷、月廷，祖籍直隶省盐山县，世居天津。徐家离李叔同出生和成长的李家老宅与新院都不

徐耀廷

远。徐从十几岁起,就在李叔同家做账房先生,为李家效劳了大半生。李叔同的童年和少年时代是在徐耀廷的相伴下度过的。李、徐朝夕相处,十分融洽。徐比李大23岁,李尊称他"五哥""老哥""徐五爷"(耀廷大排行五)。徐之于李,系亦师亦友的忘年交。

1899年时的李叔同

从现存李叔同致徐耀廷信件及其作品来看,李至迟在十一二岁时已开始学习金石书画,并得到徐的帮助与指点。李当时刻的图章中,有一枚送给徐的闲章,以朱文刻有"落花水面皆文章"数字,既是对徐的赞扬,也可以说是对二人友情的贴切描述。

1896年,将近一年的时间,徐耀廷为李家事务去往张垣。在此期间,李写给徐的信件有17封之多。这些信件,生动地反映了李、徐二人的亲密无间和李在这一时期孜孜于金石书画的情景。刮风下雨,天热天冷,市场状况,日常嬉戏,以及家中的种种琐事,李都一一写信告诉远在外地的徐耀廷,以免却其客居的寂寞无聊。遇到红白喜事,李必主动代表徐送上贺礼奠仪,并将结果及时通报。遇有疑惑不满之事,或个人有什么打算,李叔同也总是首先向徐五爷说个痛快。如在1896年旧历一月上旬的信中,他说道:"弟拟过五月节以后,邀张墨兄内侄杨兄,教弟念算学,学洋文。"虽寥寥数语,却也透露了当时的历史背景——维新思潮方兴未艾之际,李叔同感应到了时代潮流的一些先兆。

徐耀廷影拓古器

信件中也具体生动地反映了李当初在金石书画等艺事上念兹在兹的浓厚兴趣及其所下的功夫,其中不乏他同徐耀廷请教求助的情景。他信中是这样叙述的:"柴少文送弟鸡心红图章一个,有此大小,刻'饮虹楼'三字,皆是灰地,而亦属不错","弟昨又刻图章数块,外纸一片上印着,谨呈台阅,祈指正是盼。再有弟近日镌得篆书仿二篇,并呈台阅,亦祈指正是盼"(1896年旧历五月十五日信);"前随津号信寄上信一件,内并有烦画宣册二片,谅必早登台阅矣。……弟昨另镌图章数枚,印一纸上,谨呈台阅,并希指谬"(1896年旧历六月初旬信);"昨随津号信寄上信一函,内有篆隶仿一张,图章条一张。并笺墨仿致函,谅必早登台阅矣"(1896年旧历六月十八日信)。

1898年秋,李叔同南下沪上,依然孜孜于金石书画之艺,他仍将徐耀廷视作同道和可以求助的师友。李在当时致徐耀廷的信中说:"今冬仍拟出《瓦研题辞》一书,印成当再奉鉴。印谱之事,工程繁琐,今年想又不能凑成矣。然至迟约在明春,当定出书。至于盖印图章一事,尤须寄津求执事代办。缘沪地实无其人。"除了1904年给徐的那副"剑人句"的对联外,李还曾多次赠书于徐:1899年,李临摹杨见山太守隶书写成一联(《隶书节录曹全碑二条屏》)以"聊应耀亭老哥仁大人"之命;后又以魏碑体书写四言诗"时理旧策,昏然若蒙。少之所业,悦口厌心。及此追寻,了无所得"于圆光扇面;以仿苏体抄录己作《山茶花》诗,请"耀廷五哥大人"正之。留学日本之初,李叔同将其在沼津所作之水彩画写生寄给徐耀廷。为了便于"月亭老哥大画伯"

欣赏,在信中还对画面做了一番描述,可见其对收信人的眷念依旧。

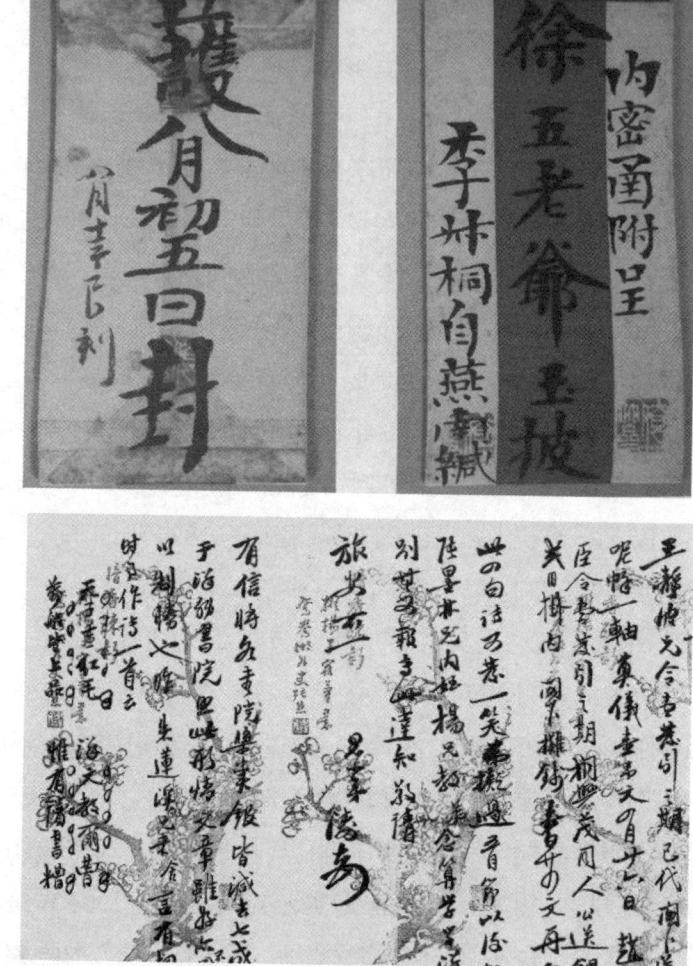

李叔同致徐耀廷书信(部分)

"青史竹如意,红颜金叵罗",字字刚劲有力,古朴浑厚,浓墨如漆,足见李叔同早年的书法功底。《魏碑体四言诗圆光扇面》是李叔同 20 多岁时写的,说明他在此时不乏苏体作品,同时对魏碑体也有浓厚兴趣。那时,他写魏碑体逐渐增多,如27岁时在他创办的《音乐小杂志》封面上的题字,就是魏碑体。之后,李魏碑体便成为他一段时间里的书法主流。

江南话别酒家春

——未见著录的一封信

生于天津的李叔同,与津门一批多才多艺的学者、诗人、书家素有往还。近日偶见一封李叔同写给孟广慧的信,信中记录了风华正茂的李叔同与津门乡贤的一段亲密交往,读来令人感叹。此信取用当时流行的木刻水印信笺书写,共计两页,未见于有关李叔同生平的任何著录。

孟广慧

信的全文是:"定哥足下,自违谈宴,渴想米积。遥维起居安善,餐卫佳胜甚休。荣行未乃诣送,恧愧何如。俗政冗忙,劳人草草,疏略之咎,尚祈鉴谅。何幸合拍小影,已修作竣功,奉尘一副,察入是祷。朔风多厉,诸维珍重自爱。忽

（匆）布福清，旅安不备。愚弟成蹊。"信后附小字曰："再，此次因有捎包，故由信局转妥，以后来往信件印字邮局为妙。"

此信文辞古雅，书风典丽，虽然简短，但内中所透露出的社会背景、李叔同与乡贤的情缘及与收信人孟广慧之间的特殊关系，今天看来，极有考证和研究价值。

其一，信未落写信地点，但其中提到"此次因有捎包"才随包而传递，至"以后来往信件"当通过邮局邮寄。可知此信是由远在千里之遥的外埠带到天津的。其二，李与孟过从非同一般。从对孟以"定哥"相称（孟广慧字定生）而自己谦称"愚弟"且署幼名"成蹊"，以及信中"渴想米积。遥维起居安善"等表示牵挂、祈祝平安一类的语句中，明显看出李对孟的钦佩之情和两人的亲密关系。其三，信未落时间，但从信中所言事宜及"荣行未及诣送""俗政冗忙"之类的话语来看，此信当写于李叔同在杭州师范任教期间。另据记载，孟广慧壮年游历浙、苏、闽、鄂等南方各省之名山大川，杭州乃其必到之处。孟本人在言及李叔同之诗中也有"江南话别酒家春"之句，可知孟曾到过李在江南的住所，再按李出家前在南方的经历来推断，此处乃杭州无疑。时间当是1912年至1918年出家之前的一段时间内。孟来到杭州，探望津门故旧是情理之中的事。其间，对金石治印夙有癖好的李叔同与半师半友的孟先生盘桓多日。李信所言"合拍小影已修作竣功，奉鏖一副"应是其在杭期间孟前来探望时他们的合影小照。

李叔同与孟广慧濡染相习，获益多多，从李早年金石书画的风格和取向中也可看出其渊源及所受影响。李早年固然在津门书印名家唐育垕门下学习书法篆刻有年，并深受徐耀廷的影响，但他也确从孟广慧身上学到不少东西。孟精于金石考订，眼界开阔，1899年秋与乡贤王襄共同从古董商范寿轩手中购得甲骨，精心收藏，世人知有"殷契"自此始。由天津迁居上海不久的李叔同亦迷恋于金石，恰恰是在这年的同一时间，李叔同在上海街头购得甘林瓦砚，遍征海内名士题辞。据说天津有个叫张捷三的人,买到一套《三希堂法帖》,共32册,请孟题签,孟共题32签,字体无一相同,略懂书法的人一看便知道哪个签是学谁的字。李叔同的书法亦是博采众长,其早年,真草隶篆,无所不能,无所不精;金石碑版,广收博取,无所不窥。笔者观李叔同早年所写隶书,与孟的八言隶书联两相对照,觉其风骨神态颇有相通之处。

孟广慧隶书联

1899年李叔同隶书录《淮源庙碑》四条屏

当然，李叔同这样一位聪明绝顶的旷世奇才，其早年在天津所吸收的艺术营养应该是多方面的。他转益多师，其所学所取也断非止于唐育垕、孟广慧、徐耀廷等人。津人王襄、王钊、华世奎、马家桐、李采蘩、赵元礼、王新铭等人的书法和他们在金石、考古领域成就的影响，都能在李叔同的身上见到。尤其是近代中西文明的贯通、艺术教育的实践及现代美学思想的熔铸，更使成熟后的李叔同异军突起，不断超越前贤，书法篆刻等方面所取得成就渐为孟广慧等辈所不及。这一点从后来孟为李叔同治印所写的题记中可见分晓。1937年端午节，孟广慧观弘一大师李叔同的几方印拓后，颇多感慨，追忆往事，赋诗以记："江南话别酒家春，开卷无言忆故人。记得心心相印处，雪泥鸿爪认前因。""心心相印"道出了两人同声相应、同气相求的友情与乡情,"雪泥鸿爪"实指大师出家前在杭州的那次会面。孟在写此诗时李叔同早已皈依佛门,成为一代宗师。孟广慧的诗句赞颂了李叔同在篆刻艺术上的造诣,同时也证实了当年李写给他的那封信之所指与所言。

  从种种迹象来看,出家后的李叔同也并未断绝与孟广慧等津门师友的联系。弘一晚年曾给在天津的俗侄李麟玺寄来《李息翁临古法帖》及其他物品。《李息翁临古法帖》是1927年为纪念李叔同出家10周年出版的。该书由李叔同的好友夏丏尊从李叔同在俗时临写的百余通书法中选出几十通编辑而成,反映了李叔同的早期书风。书印成后,李叔同让上海文明书局寄出20册给李麟玺,让其转交给津门好友,其中一册有李麟玺的题跋:"庚午闰月,家叔在宁波百官横塘镇嘱沪书店寄友人代印手书锌版本廿册,其中一敬呈定翁夫子大人留阅。受业李麟玺谨识。"从题记上看,这部书是赠给孟广慧的。

残山剩水须珍贵

——姚彤章的四条屏

姚彤章,字品侯,号研曾,生于清同治十三年(1874),监生出身,工诗文,善书法,与乡贤李叔同同出于近代津门"四大书家"之一的赵元礼门下。笔者藏有姚彤章书写的行书四条屏,从中可看出此人的师承、学养和他与李叔同的同门之缘。

姚彤章是天津"世进士第"鼓楼东姚家后人,长芦纲总姚学源的长子,后过继于姚剑泉为嗣。清宣统年前后,曾宦游鲁西南。民国初年,任天津营务处承审。轰动津城的宫北大街春华茂银号大抢劫案,由他与朱承官审结,抢劫犯戴魁一被处决。1917年天津闹大水,他任河务局局长。后任职于唐山、青岛。

姚家乃官宦大户,与晚清重臣李鸿藻,咸丰末年八大顾命大臣之一的焦佑瀛,同治进士、曾任吏部主事的李筱楼(李叔同的父亲)等,多是亲上加亲的关系,与天津严家、华家、梅家、徐家、朱家也有通家之好,家族之间往来十分频繁。

姚彤章年轻时，姚家请善书能诗、学识广博的赵元礼任教家馆。因李叔同的二嫂是姚家的姑奶奶，李叔同常去姚家，于是也拜赵元礼为师，主要是向赵学习古典诗词。同列赵先生门下的自然也有姚彤章和他的弟弟姚彤诰，另外还有李鸿藻的三子李石曾和朱易谙（朱宪彝的父亲）等人。姚彤章比李叔同年长六岁，两人志趣相投，甚为要好，早年的诗风、书风也有某些相近之处。

姚彤章行书四条屏

笔者收藏的这四条屏用的是虎皮宣，所书四首七言绝句，有的为苏东坡诗作,有的为自作诗,是姚彤章于1937年中秋节前所写。其中一首诗写道:"鹤作精神松作筋,阶庭兰玉一时新。愿君且住三千岁,长与东坡作主人。"可知姚彤章诗学东坡。而赵元礼当年教李叔同学诗也是以苏诗相授,从李叔同年轻时的诗作中确能看出苏诗的影子。在这一点上,颇见他们之间的"暗合"。

从书法上看,这四条屏也具有赵元礼"苏体"味道。赵元礼学书最初师法柳公权,后涉猎百家,尤醉心于苏东坡的书法艺术,功力非一般人所能及。姚彤章的行书天真烂漫,雅逸婀娜中展现出一种隽永和刚健,深得苏门法书遗意。众所周知,李叔同早年书法师从唐静岩,取法汉魏六朝,但他转益多师,有时在他的行书中也展露一些"苏体"韵味。这又是一种"相通"。

李、姚二人交情深厚。李叔同皈依佛门后仍不忘旧情,1932年曾写信托其俗侄李麟玺将一部《梵网经》转赠姚彤章。1941年春,姚彤章给在闽南的弘一大师寄去一首祝寿诗:"仙李盘根岁月真,千秋事业有传薪。残山剩水须珍贵,稽首慈云向永春。"诗中称赞弘一的才气和对佛学的贡献,表达了他对这位契友、高僧的祝福之情、誉美之意。

姚彤章平生酷爱金石,收藏文玩、书帖、字画颇丰,鉴别能力甚强,这与年轻时的李叔同也有共同点。民国年间发行的《河北博物院院刊》和《美语画刊》中均刊有姚彤章提供的藏品,并载有他撰写的有关文物鉴赏的文章。

喜得甘林瓦砚

早就得知李叔同青年时代曾获清代大学士、《四库全书》总裁纪晓岚所藏甘林瓦砚,但一直未能一窥此砚,颇以为憾。近日于北京厂甸偶得《阅微草堂砚谱》,终于通过砚谱而览该砚之全貌。

甘林瓦砚取材于汉代的文字瓦当。瓦当是宫殿屋檐头那块筒瓦的底,因其质地坚硬且有精美的文字或图案,常被文人学士琢成砚台,名曰"瓦当砚"。"甘林"是"甘泉""上林"的合义,此瓦乃甘泉宫之瓦,出自陕西淳化。对甘林瓦当砚,丹徒金炉宝篆词人有"有谓此瓦本汉制,相传来自长安宫。甘泉旧殿秦时建,武帝营造重鸠工"之谓。从《阅微草堂砚谱》观之,此砚呈圆形,砚池周边有云纹,背面上下书小篆"甘林"二字,两字以双线分隔。另有纪晓岚砚铭拓片。文曰:"余与石庵(刘墉)皆好畜砚,每互相赠遗,亦互相攘夺。虽至爱不能分割,然彼此均恬不为意也。太平卿相,不以声色货利相矜尚,惟以此事为笑乐,殆亦后来之佳话与?嘉庆甲子五月十日,晓岚记,时年八十有一。"以拓片为方形这点来判断,砚铭极有可能是镌刻在盛装甘林瓦砚的方木匣上的。

甘林瓦砚图谱

　　李叔同购得甘林瓦砚是在1899年由天津迁居上海后不久。乾隆大才子纪晓岚的爱物在手，令他欣喜万分。他遍征海内名士题辞，连同古砚手拓和纪晓岚的砚铭印成《汉甘林瓦砚题辞》二卷，分赠友人。内署"己亥十月,李庐校印"和"醵纨阁主李成蹊编辑"等字句。题辞作者30余人,其中有王春瀛(王寅皆)《纪文达甘林瓦砚歌》、金炉宝篆词人《汉甘林瓦砚歌·为醵纨阁主人作》、承蜩馆主《题甘林瓦砚旧藏纪河间家》等。其辞既赞李叔同风雅好古,又称古砚之奇珍可赏。

　　李叔同对金石器物的兴趣由来已久。少年时,他经常去天津鼓楼东的文物收藏家李子明那里,与其欣赏和谈论古物,并与金石鉴赏家王襄、李仲可等人素有往还。其子李端在《家事琐记》中回忆说,在他小时候就曾见到过父亲李叔同珍藏的印章、扇子等物品。李叔同不仅醉心于古甓瓦砚、碑帖字画的收藏,而且精于鉴赏。《汉甘林瓦砚歌·为醵纨阁主人作》有云:"醵纨主人(李叔同)性风雅,鉴别金石明双瞳。甘林片瓦篆文古,用之作砚坚如铜。"年届二十的李叔同凭借自己的学识和眼力购得甘林瓦砚,并手拓原器,遍征题辞,足见其收藏品位之高、鉴别能力之强。

　　李叔同与甘林瓦砚的渊源也证明了近代天津学界与金石考订的不解之缘。天津自清乾嘉以来早有金石鉴藏的传统。津人樊彬(1796－1881)搜罗海内碑刻二千余种,著有《畿辅碑目》,赵之谦《寰宇访碑录》十分之九是根据《畿辅碑目》著录。华长卿(1805－1881)博通金石文字,有大量金石考订的著述行世。至清末,天津已成为近代考古的研究中心。王襄、孟广慧发现和识别殷墟甲骨更显示了津门金石考古之盛。李叔同对金石书画之学之嗜,正是在这种学术气氛的熏陶中萌生的。

李叔同和李子明

1899年，李叔同由天津到上海后不久，购得纪晓岚所藏甘林瓦砚一方。他爱不释手，自费刊印一册《甘林小辑》，以记其事。《小辑》为20余页石印本，以隶书曹全碑体题签。内容讲汉瓦当文、铜器、古钱、造像等，并有实物照片。李叔同凭借自己的学识和眼力入藏此物，且手拓原器，遍征题辞，足见其收藏品位之高、鉴别能力之强。

1900年的李叔同

李叔同嗜古爱古得益于天津这一文物收藏热土之上的金石考古风气之濡染。王翁如先生《李叔同少年轶事琐记》说道："李叔同也喜好古物，常去当时城里鼓楼东的古文物收藏家李子明氏处谈论并欣赏,得结识李仲可、王襄诸氏。"讲的便是李叔同少年时代与藏家李子明等人的交往。

李子明何许人也?因相关资料太少,许多人对他不甚了解。幸而当年龚望先生出资刊印津人高凌雯的《刚训斋集》,其中记载了李子明的生平及所好。

该书卷四《李子明七十寿序》里提道:"岁丁巳仲冬之吉,为吾友李子明七十生辰"。查"丁巳"为1917年,这一年李子明70岁。以此推断,李子明当生于1838年(按:虚岁),即道光十八年。此人比李叔同的老师唐育垕小14岁(唐生于1823年,即道光三年),长李的另一位老师赵元礼30岁(赵生于1868年,即同治七年)。李叔同少年时代,李子明年龄在50岁上下(李叔同生于1880年,即光绪六年)。

子明先生酷好收藏,精于鉴赏。遇到名家书画,哪怕典当衣物,也要设法买到。故"其所栖止之处,卷轴鳞比,几案狼藉,琴之史也,砚之谱也,碑之录也,博古之图也,罔不精考周稽鉴别得其是。"据称他藏有名家遗墨一巨册,内有名臣阮芸台、陶云汀,经学家朱竹垞、孙渊如、洪稚存,文学家袁简斋、翁覃溪、法梧门等人的墨宝。李子明说:"此吾曩昔善价市得者,不敢私有,故印而行之。"一些好古之人多登门造访,请他辨别器物真仿,房内常常是高朋满座。

子明先生对天津地方文献和乡人作品尤为钟爱。一天,他在市上得到一诗卷,仔细辨别,竟是康熙年间天津著名诗人、书家张笨山未刊之稿,不禁大喜过望,惊叹"子明之于古人可谓以神契者矣"。沽上园林之胜,首推张氏遂闲堂,其时大江南北文人学者大都馆于其家,相与饮酒赋诗。子明慨慕余风,亦"辟草为圃,结茅茨为屋","客退则摩挲玩赏,俯仰古今,情之所至,发为歌啸,斗室以内泊如也"。

当时,除子明先生外,重视收藏,喜欢收藏,并且利用藏品做学问、写文章的人,不在少数。王翁如先生所言李仲可,乃子明先生哲嗣,亦痴迷收藏。王襄、孟广慧、方若等则更是人所共知的古器鉴藏大家。李叔同与子明先生交流互动的细节今已无法得知,但可以肯定的是,李爱好古物确实受到他的影响。

　　津沽玩古考古之风甚盛。我曾在一篇文章中写到,清康乾以来天津就有金石考证的传统,涌现了李大拙、周焯、查礼、金铨等一批古物鉴藏家。嘉道以降,樊彬遍访古碑刻,著有《畿辅碑目》,华长卿等人有多部金石考据之力作。文人收藏作用于地方的学风和文风,李叔同的出现绝非偶然。

　　值得关注的是,当年为李叔同甘林瓦砚题辞的两位天津友人也是金石考订家和收藏爱好者。一位是刘宝慈。他是著名教育家,然素擅辞章金石、舆地之学。河

陈钟年画像

(其上有王襄题诗。王襄和陈钟年也都是李叔同的"藏友")

北省博物院期刊载他的文章《骨子》,对元代士兵所用一种骨制武器进行了考证。博物院得巨鹿发掘宋大观年间埋覆残画,经他考证为《汴都卤薄图》。另一位是言敦源。敦源为言子第八十一世孙,人称"北洋文儒",曾出任北洋政府内务次长、代总长。其父言家驹毕生嗜藏书,搜罗繁富,遇有孤本、秘本,必辗转乞借抄录。言敦源亦有此好,于津之时仅与严修、李叔同、翁克斋等人唱和往来。

从李子明到李叔同,从李叔同到甘林瓦砚,证实了罗文华先生在一篇文章中说的一句话:"文人重收藏是天津的好传统。"

何以去日本学习艺术

——严修助李叔同赴日留学

　　李叔同是中国最早的美术留学生（黄辅周早李一年，但黄没读到毕业）。有人曾这样讲：李叔同"是先在天津基本上完成了由传统向近代的转换，再通过日本吸收西方文化，才逐渐成长为近代新文化的执牛耳"。可以说赴日留学不仅是李叔同人生旅途中的重要一页，而且对其新型教育思想和文化理念的形成产生了重大影响。然而，对李叔同何以去日本留学及事情的原委，却一直找不到明确的答案和确切的记载。有人说李叔同留日是"由端方以官费派赴日本上野美术学校学画"的（郑逸梅《南社社友事略》），也有说是由上海南洋公学东渡赴日的，这都不过是臆断，并无事实根据。笔者不揣谫陋，对李叔同赴日前后的某些情节做了初步探索，认为李叔同到日本留学是缘于天津学界的一次赴日考察，并且得到了严修的直接帮助。

严、李是世交

严修,字范孙,天津人,生于1860年,比李叔同年长20岁。近代天津普通教育和南开教育体系(大学、中学、小学)的创始人,全国教育改革的先行者之一,著名教育家。光绪癸未(1883)进士,曾先后担任国史馆协修、会典馆详校宫、直隶乡试试卷磨勘官等。1894年被任命为贵州学政。在此任上,38岁的严修奏请开设"经济特科",此奏虽经光绪帝批准,却因发生戊戌政变而未实行。尽管如此,其历史意义有如梁启超所言,乃是"戊戌维新之原点,发变法之先声"。

严修的行动惹恼了不少顽固派人士,包括其座师翰林院掌院学士徐桐。待到贵州学政任满回京时,他发现自己在翰林院只落得个编修的虚名,于是便请假回津。两年后他又经历了八国联军攻陷天津之乱,所受刺激益深,认定非兴学不足以图存,遂坚定了走"教育救国"道路的决心。为了借鉴日本发展教育的经验,于1902年率两子自费游日,历时两月有余。回国后的严修,联合同志,殚精竭虑,如救火般地致力于改良旧式教育和创办新式学堂,至1904年3月,已在天津兴办学堂十余所。

严修在天津兴办新式教育的成就,引起了直隶总督、参与政务大臣袁世凯的注意。1904年5月,袁任命严修为直隶学校司(后改学务处)督办,负责全省教育改革事宣。他9日就职,21日便偕张伯苓扬帆出海,再一次参观日本各级各类学校。此次考察也历时两个多月。1905年12月学部成立,严被调任为学部右侍郎,翌年转任左侍郎。1910年以不见容于摄政王载沣而奏请开缺,不复出,但矢志教育,终其一生不渝。严修一生对中国教育的近代化多有贡献。有人说:"在同一时期的教育家中,论贡献与威望,蔡元培之外,非严修莫属了。"

严家与李家均为天津大户人家,且为世交。途辈分,李叔同与严修是同辈。李叔同的父亲李世珍(字筱楼)和严修的父亲严克宽(字仁波)交往甚密,他们曾共同致力于慈善事业。王守恂《天津政俗沿革记》言及津门慈善团体时称:"光绪五年李世珍倡捐银五千两,严克宽、杨俊元、黄世熙、杨云章、李士铭等各捐银一千两",建立备济社,"由李世珍、严克宽董其事,其绅捐、船捐息款每届冬令提出三成,以济贫穷无告之民,共余七成留为荒年助赈之用"。严修后来在他一首诗的小注中特别提到,"先父及李丈筱楼倡办备济社"于"同光之交"(《严范孙先生古近体诗存稿》卷二),严、李两家的关系可见一斑。

李叔同少年时代,严修多在外地供职,两人接触不会太多。1898年初严修从贵州返回津门后,李叔同尚在天津。是年秋,李南下沪上,后来又两次回津,两人有了会面的机会。1910年3月底至4月上旬,李叔同由上海返津,逗留了20多天。其间曾多次到育婴堂见赵幼梅师并会日本友人。此时赵正受常董严修之邀,代严主持育婴堂事务,这一年中,严"每日赴育婴堂见客"(《严修年谱》),故此李、严此间在育婴堂相见当在情理之中。

严修《壬寅东游日记》记有其1902年由日本考察后回上海会晤李叔同一事。他在十月初四日(11月2日)的日记中写道:"独往南洋公学一晤李叔同。"对于这次南洋公学相晤的前因,金梅先生做过分析。他在《李叔同影事》一书中说,严修于1897年10月所奏《请开经济特科折》,虽因戊戌变法失败而被一时搁置,但不久之后实行新政时,还是被有识之士采纳和实施了。1901年3月,盛宣怀决定在上海南洋公学设一特班,以备经济特科之选。这一信息,与盛关系密切的严修肯定会提前得知,并为自己的夙愿得以实现而高兴。或许就是在1901年李叔同回津在育婴堂访问赵幼梅时,李经由赵从严修那里得到南洋公学将设特班信息,甚或受其启发、鼓励而决定报考该班。从这件事上也可看出严修对李的影响与关爱。

更名李哀 赴日留学

我们回到李叔同赴日留学一事。对于这个问题,林子青先生编著的《弘一法师年谱》及一些李的传记中只简单地说道:1905年"二月初五日,母氏王太夫人逝世",26岁的李叔同由上海"携眷扶柩乘轮回津,首倡丧礼改革","丧礼完毕,即于八月东渡日本留学"。笔者以为,这种一带而过的叙述并不表明"事出无因"。实际上,李叔同东渡扶桑,严修在其中起到了关键性作用。

前面提到,李叔同于1901年考入南洋公学的特班,并受业于蔡元培,却紧接着又遇上乡试不第。至1903年冬,南洋公学学生不满清政府的一味卖国而引发一场罢课风潮,最后导致学生自动散学。公学散学,断了李叔同由经济特科晋身科举之途。1903年秋,他又长途跋涉前往开封(李家在河南内黄等地有祖传引地)寄籍,应癸卯科乡试而再次落第,由此他便断绝了仕途之心。1904年,马相伯与穆藕初等发起成立"沪学会",李叔同参与其中一些活动,但时间不是很长。此时的李叔同对祖国充满着挚爱,同时他也清醒地看到中国的衰落和清政府的无能。他不是没有远游深造、学得一技之长来报效祖国的念头。只是,他是一个孝子,有着"父母在,不远游"的观念,他乐意伴随在母亲身边使之享天伦之乐。然而,就在1905年春的一天,他的母亲在上海城南草堂病逝。随后他将母亲的灵柩送回天津,为母亲举行"文明葬礼"。这期间,他再次与严修接触。

严修于1904年8月间再次访日归来。次年,直隶省学务处由保定移至天津。在一年多的时间里,严修锐意兴学的抱负和才略得到很好地展示和发挥。除了投入新式教育的开拓与兴办,他尤其热衷于派员去日本考察和输送留日学生。近代天津的诸多教育家都是在这个时期留日或去日本考察教育的。据文献记载,严1905年任直隶省学务处督办期间,"续派绅董赴日游历,先到天津考询,不拘人数,有一次多至数十人者,先后共达百余人","派人赴日学习印刷,计选派学习雕版、铸字、石印、网目写真、配色电镀等技术者七人","规定留日学生名额,于日本东京直隶省留学生中设速成理化科"(齐值璐《天津近代著名教育家严修》)。正当赴日考察与求学的各种事项紧锣密鼓地筹备和进行的过程中,李叔同与严修见面了。准确的记载见于8月2日发表在《大公报》上那篇《记追悼会》的材料。内中提到,去李家参加李母追悼会的,有奥工部官阿君、医官克君、高等工业学堂顾问官藤井君、松长君、单味仁司马、学务处总办严范孙君、高等工业学堂监督赵幼梅君,及各学校校长、教员等。8月9日,《大公报》刊登有这样一条消息:"学务处督办严范孙,会办卢观察靖,率同学六十多名,订期赴日本游历。"这明显有点预告的性质。8月13日,《大公报》又发了一则消息:"学务处会办卢观察靖同工业学堂杨育平氏,带领各县商人六十七名,于十一日晚七点钟,由津乘火车至塘沽,换轮赴日本游历。"看来此次组团赴日严修没去,而且赴日人员由原来的60名增加至67名,身份也由学堂学生改换成了各县商人。

从以上材料,可以试做出如下推断:严修是在与李叔同相见时向李透露了组团赴日的安排,遂将李添列其中;或是李了解到严修有此一举而主动向严表达了跟团赴日的愿望。而不管是李叔同想去还是严修安排他去(严一向支持青年学子到日本学习),严在中间都起到了不可替代的作用——身为学务处督办的严修,对于组团或改换人员的事宜是掌握着决定权的,对李叔同的去留也自然是他说了算的。

至于李叔同为何赴日,长春师范学院教授郭长海先生曾提出过自己的看法。他在《李叔同在天津史事三考》中说:"听严修赴日的消息,他未免心动。趁此机会,渡海而东,一览瀛洲三山景致,倒也不错。更何况时间不会很长。于是便经商定,借严修的庇荫,附轮东渡。"我倒觉得事情不一定是如此偶然,而有可能是李叔同觉得母亲已经离去，自己也没有什么牵挂了，可以外出求学了，这时正听说有这么个机会，便当即决定，把妻儿托付给哥哥，自己随团而去，到日本后见机而动。由于是这种特定的背景，他的行程自然是十分仓促了。

那么又是根据什么说李叔同东渡日本是随着这个团走的呢？一是时间相符，从李的生平看，其赴日正是、也只能是这个时间段。二是从报道上看，在这个时间段，天津赴日团组只此一个，在媒体上未见有关其他团组的报道。还值得关注的是，1906年1月10日《大公报》又刊发一篇题为《东游归来》的消息："学务处会办卢观察靖前往日本游历，事毕并带学董30余名，学生20余名，乘轮回津。其学堂学生等15日均已到津。"这实际是1905年8月9日和8月13日两条消息的后续报道。由此看到，该团出发前拟为60人，出发时为67人，归来只有50余人。出现这种情况无非有两种可能：有些人在日本没有待那么长时间，便于早些时候归国；有些人留在了日本，继续学习。李叔同恰符合后一种情况。根据最后这篇报道，郭长海先生对此团人员的构成变化做了分析："赴东考察人员的身份，已落实为学董和学生。但尽管如此，仍然对李叔同的赴东留学有利。他可以堂而皇之地以学董的身份随学生赴东考察。"故而李叔同在此团之列就更具可能性了。

援助"叔同仁弟"

李叔同东渡扶桑先是补习日语，并在日本从事艺术创作活动，如创办《音乐小杂志》、参与诗歌吟唱等。1906年回津一次，返日后在这年的阳历9月29日正式考入东京美术学校。东京艺术大学（前身即东京美术学校）的资料馆完备地保存着当年的档案材料。材料表明，从1905年9月到1911年9月，在该校西洋画科学习的中国学生共有八人（另有一人为刻科），其中就有李岸即李叔同，李的出生地标为"直隶天津",费用为"私费"。这就充分表明李叔同绝非是由端方派赴日本留学的,也不是从上海南洋公学赴日的,而是受严修的支持和帮助在那次严修的组团中随团入日的。他是抱着入宝山誓不空返的信念而求学的。1911年毕业归国后,他在天津直隶高等工业学堂任教(当初随团赴日的就有工业学堂的人),进而才成为传播西方艺术的第一人,由此也能看到当初李叔同随此团入日的一些蛛丝马迹。

还有一种记载,就更值得注意了。1901年,李叔同入学南洋公学的经济特科班,据说在那里曾向蔡元培学日语,后从事过日本文献的翻译和出版工作。刘晓路在《李叔同与东京美术学校》一文中说:"在天津时,李与直隶高等工业学堂意匠图绘学科日本教习松长(又作曾根)长三郎相知。长三郎是东京美术学校图案科1899年的毕业生,1904—1915年在位于天津的前述学校任教。"若真如此,那么从时间看,1905年王太夫人病故李叔同回津期间他们可能已经接触(因为8月2日《大公报》载,参加王太夫人追悼会的即有"高等工业学堂日籍顾问等四人")。李叔同自幼酷爱艺术,他们之间的这种交往也许成为以后李叔同去日本留学并选择东京美术学校的契机。而且,李叔同学成回国后,也是选择了松长长三郎任教的天津直隶高等工业学堂,两人都担当该校的图绘教员,教授同一专业。这更说明李叔同赴日学艺术是有目的、有目标的,是比较自觉的行动,不是一时兴起的一种偶然举动、一种所谓"临时动意"。

更有人提出,李叔同是与严修一起乘同一轮船赴日的,行前且作《金缕曲·留别祖国并呈同学诸子》。如果真是这样的话,李叔同赴日学习艺术即使是早有前因,事先预定,也同样必须得到严修的允许方能成行。

但有一种说法却是很值得商榷。笔者曾注意到,有位叫萧枫的先生著有《弘一大师年表》(1996年9月萧枫编注之《弘一大师文集》附录二)。他在此《年表》中说,1905年李叔同为母治丧后,"将妻儿安置在天津，叔同独自返沪。六月间，叔同取得南洋公学文凭，决定东渡日本留学，行前作《金缕曲·别友好东渡》"。但凡了解李叔同生平的人都知道，李叔同是1901年考入南洋公学特班的，但第二年便散学了，特班也就没再办下去，李叔同随即离开了南洋公学；而李叔同赴日则是在1905年，此时距李叔同离开南洋公学已经四年，况且他也并未在该校毕业，怎么会取得南洋公学颁发给他的文凭并且由沪赴日呢？不知萧枫先生的说法有何依据。

  李叔同在日本留学期间乃至学成归国后一直为严修所关注与关照。李叔同离津赴日仅一个多月，李之业师、严修的好友赵幼梅也到日本考察。考察期间，赵与李叔同相见。转年后专程赶往严修在北京的寓所，向严详细叙述其考察见闻和感受以及李叔同在东京生活和学习的情况，并对李叔同未能在校内集体修习而是独自在校外租房自修甚觉不妥，认为若长此以往，缺乏监督，难免懈怠。而严修则认为李叔同一向做事认真精进，且求学心切，既然作此选择必有其外在的需要和内在的考量，故对赵的忧心和不安表示不以为然："兄则以为，吾弟必有深意，否则去家万里，岁损巨资，宁肯浅尝而止乎。"况且，此时李叔同尚未考入学校就读，时值复习备考阶段，故严对李叔同的外宿不仅不反对，且表示理解和认同。不久，他还给李叔同写了一封信，信中称："叔同仁弟大人左右：去岁书来，未即奉报为歉。顷奉惠示，忻悉体健神愉，德修业进，佩慰兼深。"

  李叔同就读东京美术学校共计六年，先是于1906年9月以自费生身份考入学校学习，旋于次年，由自费改为官费。获得这种待遇也与严修有关。程淯在《丙午日本游记》之"10月13日访东京美术学校"记曰："学科分为西洋画、日本画、塑像、铸造调漆、莳绘、木雕刻、牙雕刻、石雕刻、图案等。西洋画科之木炭画室，中有吾国学生二人，一名李岸（李叔同），一名曾延年（曾孝谷）。所画以人面模型遥列几上，诸生环绕分画其各面。"鉴于自费生中有如李叔同这样出类拔萃之人,时任学部左侍郎的严修与学部诸臣在议定《管理日本游学生监督处章程》时考虑到对此类优秀学子应予另当对待,以昭示朝廷求才若渴、奖励先进之用意,故于章程第四节"管理自费生条规"之第一条明文规定:"凡自费学生能考入官立高等或专门学校及大学者,应由总监督商请该生本省督抚,改给官费。"(王维军《李叔同留日期间自费改官费之史事探考》)李叔同正在自费改官费生之列。李叔同学成回国后,在严修的鼓励与举荐下,到天津直隶高等工业学堂任教。这也很有些像今天的"定向教育"。这又从另一方面证明了严修在李叔同赴日留学上所起的作用。

杭州的会晤

李叔同离开天津及皈依佛门后,与严修仍有往还。1919年是李叔同出家的第二年。这一年严修到杭州参观访问,考察教育,为筹建南开大学事筹款,专门到杭州清涟寺会见了草鞋破衲、危坐经室中的李叔同。《严修年谱》"1919年5月13日"条记载了当时的情景:"偕章馥亭游山,访清涟寺弘一和尚,俗名李叔同,故人也,谈甚久,以佛经要目一纸示余,劝余先读择要数种,并劝提倡孔教。别出,至冷泉亭下,徘徊久之,饭于曹氏别庄。有诗云:'笋舆行过复缘亭,千亩修篁一色青。忽觉翛然人意远,绿荫深处水泠泠。'"《严修日记》对这次会面做了记述:"清涟寺观鱼片刻,弘一所在。有僧导见,谈许久。余谓:'和尚未尝不可充教员。'伊云:'须少待。'亦非无意也。示余佛经书目一纸,择要圈出数种,劝余先看,并劝余提倡孔教。彼信佛而劝人尊孔,由于曾读孔氏之遗书也,较之一入耶教即讽洙泗者不可同日而语矣。弘一者谁?即吾友李叔同也。"孔子曾在洙水、泗水之间讲学,故严修是以此代指儒家之学。严修在这一年7月24日写给陈宝泉(筱庄)的信中特别提道:"前谈李叔同交我佛经书目,送请查阅。

顶上单双圈,叔同所加也。请先择要代购一两种,俟得门径再泛览也。"

严修于1929年3月2日在天津逝世。天津博物馆存有严修晚年(1924年)诗作墨迹,云:"心事数茎白发,生涯一片青山。空林有雪相待,古道无人独还。桃红复含宿雨,柳绿更带朝烟。"弘一法师1942年10月13日在泉州圆寂,书"悲欣交集"为最后绝笔。严修推崇"教育救国",李叔同"念佛不忘救国",后期的严、李道路不同,却都奉行国家至上的准则,为社会奉献自己的一切。

1899年十一月李叔同的墨迹

李叔同与陈之驷

——关于"清末十同学"

人们大都知道，天津的李叔同是中国最早留学日本学习美术的，但却很少有人知道李叔同还有一位天津老乡陈之驷。此人比李叔同年少两岁，1908年9月曾以官费留学于东京美术学校学习西洋画，至1913年3月毕业归国。他是中国历史上最早留学日本东京美术学校学习西洋画的"清末十同学"之一，是天津近代绘画史上一个十分重要的人物。今天我们了解陈之驷，也有助于对李叔同艺术的研究，特别是对其早年留日学习西方美术经历的研究。

陈之驷，字了云。1882年出生于直隶省天津县塘沽北丰台镇（今属宁河区）。对于他的名字，现在的人也许感到陌生，但在当年他却是赫赫有名。他是官费即由清政府出钱留学，且能顺利毕业，这在毕业率只有57.7%的东京美术学校留学史上堪称优秀。

有关陈之驷的赴日经历，笔者曾查阅多种文献，以探寻陈留学日本的时间和他与李叔同的关系。1912年4月7日《太平洋报》刊登一条消息:"吾国人留学日本入官立东京美术学校者,共八人。皆在西洋画科。曾延年、李岸(即李叔同)二氏于去年四月毕业返国。此外,留东者有陈之驷、白常龄、汪□川(原文脱字,即汪济川)、方明远、潘寿恒、雷毓湘诸氏。又有谈谊孙氏,于六月前曾入该校雕刻科,至二年级时因事返国。"有人说这条消息就是陈之驷写的。也有学者认为这条消息很有可能是出自李叔同之手。

东京美术学校中国留学生毕业合影(局部)

(右三为李叔同)

长春师范大学的郭长海先生曾提出:李叔同是1906年10月至1911年3月29日在东京美术学校留学的,整个留学时间处于清朝末年,相当于日本的明治末年。1912年是中华民国元年,那么李叔同当是在民国元年的春天回忆清末在东京美术学校的中国同学的。消息中提到9人,其实还应加上比他们都早也就是第一个进入东京美术学校的黄辅周。这样,清末在东京美术学校的中国留学生共有10人,他们是:黄辅周、李岸、曾延年、谈谊孙、陈之驷、白常龄、汪济川、方明远、潘寿恒、雷毓湘。他们都是在1911年辛亥革命前入校的,所以人们将其合称为"清末十同学"。

关于"清末十同学",有人以其入学先后为序列,其中第二位是李岸,生卒年标为"1880—1942",出生地标为"直隶天津",专业为西洋画科,费用为私费,入学日期为1906年10月,毕业或退学日期为1911年3月29日。陈之骥位列第六,生卒年标为"1882—?",出生地标为"天津塘沽",专业为西洋画科,费用为官费,入学日期为1908年9月25日,毕业或退学日期为1913年3月。另有资料记载,陈之骥生于1882年5月,直隶省天津县塘沽北丰台镇出生,东亚同文书院第二年修业,1908年9月25日入东京美术学校西洋撰科,1913年毕业。东京艺术大学藏有中国留学生所作自画像作品,反映了中国近现代美术史中珍贵的历史篇章。其中李叔同油画原作《自画像》,以正面半身为中心构图,其中人物肖像及背景表现生动传神,色彩层次丰富而浑然一体。陈之骥油画原作《自画像》,亦以正面半身为中心构图,布面油彩,人物肖像留两撇浓黑的胡须,戴淡色细框眼镜,温文尔雅。

陈之骥归国后在家乡东丰台与北京两地居住,东丰台住址为天尊阁东南二三百米的"了园",北京住址为西单灵镜胡同(与荀慧生为邻),专事读书、绘画、吟诗、看戏、户外郊游。

从现有资料看,陈之骥似乎并未如李叔同那样将西方绘画艺术实施于本土美术教育,但他依然可称是清末民初中国西画界以及美术教育界的一位重要人物。笔者曾在艺术品市场见到陈于1940年所作山水扇面,画面水气濛濛,构图新颖,在色彩和用墨上具有西画的特色。他从古典主义、文艺复兴、现实主义甚至印象派的光色运用以致夸张变形中吸取营养,光大了传统写实技法。在艺术品市场亦曾发现过陈之骥于20世纪40年代书写的石鼓文对联和小篆对联,皆高古典雅,无不展现其东方文化艺术的深厚根基。

陈之驷为汉碑《石门颂》所作题跋

陈之驹于1966年去世,除黄辅周外(黄1972年去世),他在"清末十同学"中算是寿数较长的了。这样一位在中国美术史上占有一定地位的乡贤,我们不能忘记他。2017年9月15日,宁河区丰台镇陈氏家族的后人专程到丰台镇寻根问祖。有报道说:"陈氏家族是古镇丰台的名门望族,其代表人物是中国近代美术先驱陈之驹和辛亥滦州起义主要领导者、著名爱国民主人士陈之骥。"

德修业进　佩慰兼深

——资助同期留学的钱永铭

钱永铭是民国时期著名金融改革家、经济学家,有银行界"四大花旦"之称。他以非凡的金融智慧、高超的专业素养、全面的管理才能,独到的投资眼光为交通银行、四行储蓄会等金融机构的创新发展做出了重大贡献,书写了中国近代金融创新的传奇。钱永铭是北洋大学的学子,后来他在日本留学又受到严修、李叔同的资助,与天津结下不解之缘。

钱永铭

钱永铭(1885—1958)字新之,晚号北监老人,浙江吴兴人。幼时入私塾,读"四书五经",1897年考入上海南洋中学的前身上海育才学堂读书。1902年入天津北洋大学学习财政经济,为其从事财政金融奠定了坚实的基础。1903年袁世凯委任从日本考察学务归来的严修为直隶学校司督办,严修在任内率先推广新式学堂教育,要求每个府县都必须设立学堂,开办师范学校,并主张选派优秀学子赴日留学,博采新学。就在严修任直隶学校司督办这一年,钱永铭得以官费赴日留学,入神户高等商业学校学习财经及银行学。

在日本留学期间,钱永铭遇到了一个难以解决的问题。据文献记载,1907年冬,因日本文部省颁布《关于清国人入学之公私立学校之规则》,引发中国留日学生罢课、退学风潮。学潮风波与同盟会宣扬民族情绪、主张革命、反对清政府的思想运动相互呼应,由此引起了清政府的恐惧和不满,明令要求留日学生禁止参加政治活动,禁止集会、结社,并加强了对官费生的审批和资费的发放,不少学生因此学费不济,无以应学。钱永铭此时亦受困于学资无着,只得求助于时任学部左侍郎的严修。此时的严修,虽官居学部,然几年来数度自费出国考察教育,耗资颇巨,虽有心援助,但恐力不足。于是他想起了家境殷实且正在日本留学的李叔同,遂在1906年6月7日致函李叔同,请李叔同代为接济留日学生钱永铭之学资。信中说:

> 叔同仁弟大人左右:去岁书来,未即奉报为歉。顷奉惠示,忻悉体健神愉,德修业进,佩慰兼深。钱君志士,学费不济,诚应代谋,唯直隶学务自设提学使司后,兄已不复与闻。且前因退学风潮,停止资送,即前经奉准者,亦迟迟不能成行,纵今言之,决难得请。老弟一人协济为数不资,可否由吾两人分任,敬候示遵。幼梅先生(即赵元礼)昨来京寓,似以吾弟在校外独修为未安。兄则以为,吾弟必有深意,否则去家万里,岁损巨资,宁肯浅尝而止乎?天气渐暑,诸凡珍重,不尽欲言。日本东京本乡区真砂町二十五番地亚细亚馆九番室,钱永铭君转交,闰四月十六日。

而此时的李叔同其实也并不十分宽裕。当时的他因未获得官费留学的名额,是以自费报考东京美术学校的。按照当时学部所定官立学校每人每年450元的官费学习标准为参考,加上绘画所需画布、颜料、油彩、雇佣模特等耗资皆不菲,同时在外租房也需要不小的开支,故而李叔同的生活和学习所需的费用比起其他留日学生还要大。尽管如此,李叔同接到严修的信以后,立即作了回应。他慨然应允,拿出自己的钱,帮钱永铭渡过难关。严修感叹李叔同的义举,称:"为谋之患,可胜钦佩!"

在李叔同考入东京美术学校,并于1907年因成绩优异获得清政府自费改官费待遇后,因严修牵线助缘而受李叔同资助的钱永铭亦勤学精进,不甘于后。1911年,《浙江省官费辛亥上期学费预算表》名单中最后一次出现钱永铭的名字,同年,钱永铭学成回国。也是在这一年的春天,李叔同也毕业归国,回到家乡天津,任教于直隶高等工业学堂。

钱永铭回国后,先是在南京高等商业学校任教。辛亥革命后,他被时任上海都督的陈英士派往北京参与接收原来的农工商部,担任会计课长。1918年,经张謇介绍,出任交通银行上海分行副经理。自此,他在财经金融领域大显身手,有人称他为金融奇才,也有人称他是长袖善舞的银行家、近代金融界的骄子。

图绘教员李叔同

——艺术教育的起点

李叔同是中国近代艺术的开拓者、西方美术教育的先驱者,这已是不争的事实。但现今一些记述李叔同生平的书刊中,在谈到1910年李叔同从日本留学归国后在天津从事艺术教育这段人生经历时,大都语焉不详,或一带而过,以至其说不一,这确是一个值得关注的问题。

有关李叔同1910年在天津执教的情况,大体有三种说法:一曰先后就任天津工业专门学堂和直隶模范工业学堂两所学校;二曰担任天津高等工业学堂的图画教员;三曰是否在学堂任职尚有疑问。其实李叔同执教的学校叫直隶高等工业学堂,其他均为附会或不实之词。

李叔同对该校早有印象。1906年正在日本留学的李叔同得知直隶工业学堂在教育教学上不断取得成果,颇有所感,以信函介绍其上海友人杨白民通过周啸麟的关系到天津参观学务。他在致杨白民信中说:"足下如愿到天津调查学务,弟即当做绍介,彼邑(指天津)学界程度,实在上海之上。"不久又写给杨白民一封信,信中说:"足下如到天津,可持此书往谒。渠(指周啸麟)与仆金石交,必能为足下竭力周旋也。"并随信寄去一封写给周啸麟的介绍信。介绍信中说:"啸麟老哥左右:兹有上海城东女学校长杨白民先生,到天津参观学务,

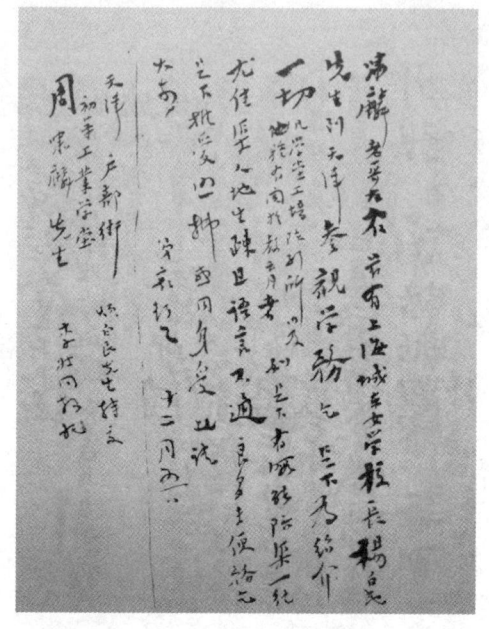

李叔同致周啸麟书信

乞足下为绍介一切(凡学校、工场、陈列所,以及他种有关于教育者)。如足下有暇,陪渠一往尤佳,渠人地生疏,且语言不通,良多未便。务乞足下推爱照拂,感同身受。"括号中所称"学校"主要指直隶高等工业学堂。"工场"即直隶高等工业学堂的实习工场。1906年,实习工场举办了一次为期五天的纵览会,参观者竟达五万余人。"陈列所"即继工业学堂成立后建起的劝工陈列所。该所搜集本省、外省和外国产品,分类陈列,以供参观,启发工商智识。"他种有关于教育者"实指教育品制造所、劝业会场等(这些机构大都坐落在今河北区)。杨白民是否到天津参观,尚不得而知,但从这些信函中,确看出李叔同对直隶高等工业学堂及近代天津新型教育的青睐。正因此,李叔同由日本学成回国后不久,即应聘担任图绘教员,与周啸麟等人走到了一起。

当年的直隶高等工业学堂

直隶高等工业学堂的学生在上课

对于李叔同在直隶高等工业学堂任教一事,虽有上述因缘可以为证,但以往一直未能找到确凿的文字依据,所以学界对李叔同的这段经历多含糊其辞,莫衷一是。天津的陈德弟先生出示了1916年编印的《直隶公立工业专门学校同学录》,内有李叔同在直隶高等工业学堂执教的准确记载。这份珍贵的文献是2002年陈先生在河北工业大学进行百年建校历史论证中查阅相关资料时发现的。《校友录》明确标明了1911年该校所有教员的姓名、任教科目及学历和籍贯,在17页上便有李哀(李叔同)的名字,上面写道:"图绘教员,李哀,字叔同,直隶天津县人,日本东京美术学校毕业。"从这份资料来看,同时担任图绘教员的共有四位。除李叔同外,还有一位叫孙凤墀、字桐勋的天津人。另外两位是日本人,一位叫原田武雄,日本东京高等工业学校图按科毕业,一位叫松长长三郎,也是日本东京美术学校毕业生,与李叔同是同学。当时的图绘科含用器画、铅笔画、毛笔画、水彩画等课程。除了这本《同学录》之外,在 1947 年编印的《河北省立工学院校友录》第 28 页赞助教友部分也有李哀的名字。

李叔同 1911 年在津期间还曾给周啸麟写过一条字幅,书清乾嘉时代文学家、经学家洪亮吉之文句,落款为:"宣统三年九月一日写洪北江文,啸麟二哥大人命,弟哀公。"这一字幅的传世不仅证实了李叔同与周啸麟的亲密关系,也证明两人共事于直隶高等工业学堂的事实。

直隶公立工业专门学校校友录

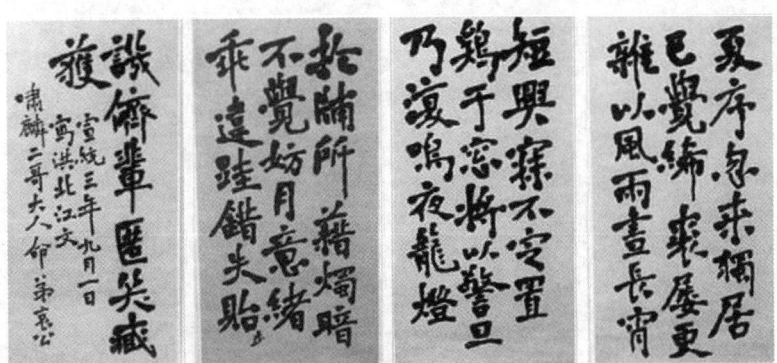

李叔同为周啸麟书写的四条屏

（此为龚绶根据真迹原件制作的印刷版）

《袭红轩印谱》和《意园印谱》

《袭红轩印谱》

　　《袭红轩印谱》装帧完美,题署有谱名,完成于1899年前,为李叔同19岁以前所编印。这册印谱用纸为极薄的宣纸,印有单栏,尺寸为23.5厘米×13.5厘米,50页,线装,双层衬纸,单面粘贴印拓,共115方。印谱封面题签"袭红轩印谱",钤有一方朱文印,印文是"外号人呼酒色王"。据专家考证,其封面题签为李叔同19岁所书。上方"自题"二字正是亲自题写之意。印谱封面钤印之"外号人呼酒色王",反映了富家子弟当年的风流倜傥,意气风发。

《袭红轩印谱》和《意园印谱》

《意园印谱》两册,每页21厘米×13厘米,线装本。以极薄宣纸对折,黑色单栏,书口处印有篆书"意园"二字。单面钤印。每册50页。一册钤印57方;另一册钤印47方,除有7方印章与前一册相同,实为40方印。两册共有印章97方。这两册印谱封面均无题字,根据书口处"意园"二字,被称之为《意园印谱》。"意园"是李叔同家的花园之名。在《李叔同印存》第23页有"意园"印章,此印也曾载于《语美画刊》上。根据有关意园的史料记载,可以判断《意园印谱》亦是李叔同早年所编印。

喜读《弘一大师李叔同篆刻集》

著名学者龚绶、车永仁所编《弘一大师李叔同篆刻集》2009年由天津人民美术出版社出版发行。全书一函六册，线装，分印学卷、印存卷和附录三部分。汇集了弘一大师有关金石篆刻的书札、手稿、题偈、序跋和大量篆刻作品，其中不少手稿、印章系首次披露，可谓内容丰富，洋洋大观。

据笔者所知，早在1899年，李叔同在上海即编辑了《李庐印谱》，且自作《李庐印谱序》，同时致函天津好友徐耀廷，说《李庐印谱》一书当在天津出版。后因种种原因，此愿一直未得以实现，110

《弘一大师李叔同篆刻集》

年后,《弘一大师李叔同篆刻集》终于在天津问世。此书的出版,填补了100多年来《李庐印谱》有序无"谱"的空白。它不仅全面展现了弘一大师的篆刻艺术理念和治印成就,而且也为研究弘一大师的生平提供了翔实的文献资料。

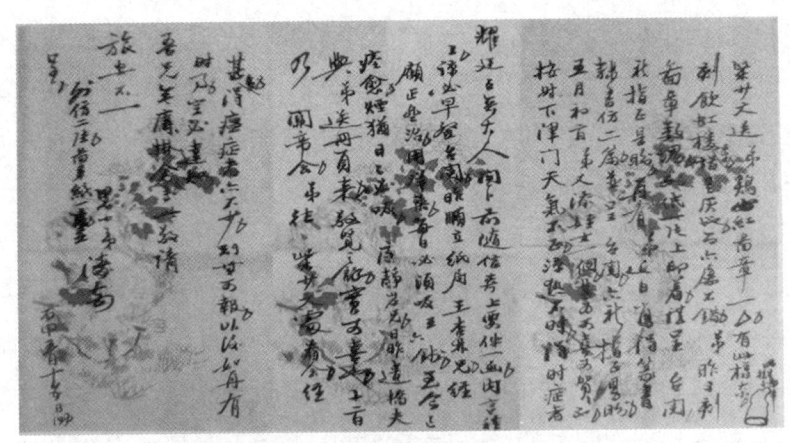

李叔同致徐耀廷信中多次提到图章和刻印

《弘一大师李叔同篆刻集》共收入李叔同自刻印、常用印和藏印计1149方,除先前公开的555方印痕之外,又汇入《袭红轩印谱》《意园》等李叔同早年印存,并且从其各个时期的书法作品、信札、书报刊等资料中和私家藏品中搜寻出一些大师印稿,凡能搜集到的都搜集到了。从这些印拓中,可看出大师早年的艺术追求和深厚的传统艺术功底。如《意园》印谱中有"平都亭侯""司隶校尉""魏率善羌佰长"等白文印拓,一看就知是李叔同早年临摹汉印的习作,由此可见大师少年时代对汉印的痴迷及其所下的功夫。(鲁迅尝言:以汉法刻印,允为不易之程。)该书还将大师出家前赠给西泠印社辟为"印藏"的93方印石(96印面)和圆寂后留在泉州的38方印石(41印面)也完整收入。凡此等等,可以说,这部书应是弘一大师各个时期印章(包括用印和藏印）的"大检阅"和"大汇总"。

　　尤为难得的是，编者以科学求实的态度，对大师的每一方印都做了认真甄别，纠正误传，务求真实。经他们考证，发现一些书刊将大师用印误当大师治印，并以讹传讹。例如1996年7月由西泠印社编辑出版的《西泠印社社员印集》一书，在介绍早期社员李叔同的篆刻作品时，选印四方，其中只有一方"文涛长寿"是李叔同所刻，其他三方皆为他人之作；第二方印"弘一"是费龙丁为弘一大师作（卷五）；第三方印，佛像印，是丰子恺为弘一大师作，此印弘一大师于丁丑九月十九日赠予广洽法师（卷六）；第四方印，"南无阿弥陀佛佛像印"，为李鸿梁所刻，边款"丁卯秋初试大刀敬造此像李鸿梁刻"（卷五）。又如2007年12月由西泠印社编辑出版的《西泠印社摩崖石刻》一书，在"印人印廊"中述"印人印廊在柏堂西侧庑廊内，1998年建社95周年时建成，廊内镌刻45位印人作品"。书中所载"李息治印"的三方印章，都不是李叔同刻的：第一方印"黄山山中人"，是黄宾虹自刻的别号印；第二方印"弘一"，是乐石社社员费龙丁为弘一大师刻的，不仅治印人不对，而且印的尺寸不实，比原印放大了几倍（卷五）；第三方印"南无阿弥陀佛佛像印"，系李鸿梁刻，并且印的尺寸不实（卷五）。再如，在泉州弘一大师纪念馆所陈列的弘一大师常用印中，有"弘一"印，印面左侧无边栏（卷五）。编者曾见过原印的印蜕，原印为"弘一出定"四字，是张慧60岁时为弘一大师刻的。估计弘一大师认为"出定"二字不宜用，将其铲去，保留"弘一"二字。该书编者的这种"刨根问底"的工作为深入探讨李叔同的艺术生涯提供了可靠的依据。

　　《弘一大师李叔同篆刻集》并不是一般意义上的印谱，书中还汇集了大师有关印学的论著，包括书札、题记、偈语、序跋等珍贵文献共58件，其中手迹30件，从中可一窥大师那深刻而独到的艺术观点。如1938年2月，59岁的弘一大师为芗江居士治印，题偈语云："金石无今古,艺事随时新;如如实相印,法法显其真。"1942年秋大师为张人希藏画册题记:"书画风度每随时代而变易,是为清季人作,循规蹈矩,犹存先正典型,可宝也。壬午秋,亡言。时年六十有三。"该书还刊载了弘一大师54岁时为李雄河(李叔同侄)存印集所题篆刻妙义偈语之手迹等,为首次公之于世。有的虽只言片语,但绝非泛泛之论,足见大师艺术思想的博大精深。

对1914年李叔同组织乐石社时主编的《乐石》《乐石集》和《乐石社社友小传》的展现,更是该书一大亮点。乐石社乃李叔同在浙江一师任教期间发起组织的一个著名的印学社团,由李叔同主编、刊印的乐石社资料被世人评价为:"就民国篆刻史而言,领风气之先,也可能是我国最早的一份印社作品集与史料汇编。"遗憾的是,这些资料在国内却难以觅得,只有日本东京艺术大学(原李叔同在日本留学的东京美术学校)保存了当年李叔同"呈赠东京美术学校"的《乐石》八卷、《乐石集》和《乐石社社友小传》各一卷。李叔同1915年农历三月三十日曾致函日本东京美术学校称:"恭贺母校兴盛。《乐石集》四册别封发送,谨寄赠贵馆。今后还要陆续寄赠。查收为盼。如能成为同学诸君的几分参考,幸甚之至。愚生日下就职于浙江省杭州第一师范学校。校务之余暇,组织乐石社,从事印章的研究。顿首。三月三十日,李岸。"据《弘一大师李叔同篆刻集》编者告知,乐石社相关资料的获取盖得之于日本友人特别是日中友好协会会长平山郁夫先生的支持和帮助。

平山郁夫1952年毕业于东京美术学校。1988年为联合国教科文组织亲善大使,负责抢救世界文化遗产方面的工作。1989年任东京艺术大学校长,连任三届。1992年任日中友好协会会长。平山郁夫先生对日中友好和中国文化保护做出了重要的贡献。他曾70多次沿丝绸之路考察敦煌文化,1990年捐赠100万美元设立联合国教科文组织"丝绸之路基金",资助敦煌学研究。1994年,他捐赠2亿日元，成立中国敦煌石窟保护研究基金会。平山郁夫著作《悠悠大河》的中文翻译者李建华先生，向他介绍了天津正在编辑《弘一大师李叔同篆刻集》的情况，急需日本东京艺术大学所藏李叔同呈赠的有关"乐石社"的资料。平山郁夫先生听闻后立即请酒井诚先生（日中友协秘书长）到东京艺术大学拍照，并制DVD资料盘，送到天津。由此，世人得以一睹八集《乐石》的书影及内中收入的印章作品和其他宝贵资料。

天津，是李叔同诞生地，《弘一大师李叔同篆刻集》的出版，适逢李叔同故居复建，弘一大师故居纪念馆即将开放。此书的出版是对弘一大师最真挚的缅怀。该书的两位编者均为天津市李叔同——弘一大师研究会理事，对弘一大师潜心研究，精益求精。他们在编书过程中，本着"印印见实样，件件有来源"的原则，读千卷书，行万里路，历时15载，完成此书。据说为了实现弘一大师在天津出书的愿望，他们先后放弃了和香港、台湾以及其他地区的大出版商的合作机会。大师夙愿百年后得以实现，我想这也是李叔同与天津的一种缘分。

在《弘一大师李叔同篆刻集》出版之际，我们不能忘记著名书法家龚望先生。龚望先生是弘扬乡贤文化和弘一精神的典范。《弘一大师李叔同篆刻集》含李叔同早年的印谱共八册，有七册是龚望先生收藏的，另一册也是徐广中请龚望先生题签后在20世纪60年代初被天津艺术博物馆征集的。龚望先生还收藏有李叔同早年所刻的印章和书法作品，以及最初版本的《护生画集》《弘一大师永怀录》，另有许多李叔同老师唐敬岩的书画。龚望先生特别注重乡邦文脉的传承，1988年曾撰写《李叔同金石书画师承略述》，刊于《李叔同——弘一法师》一书。

李澂浠非李成蹊

《李叔同印存》第二集中钤有40方李澂浠的名号印,其印文包括"澂浠""澂浠私印""澂浠翰墨""幼竹""佑祝长寿"等。因"李澂浠"与"李成蹊"谐音,即音同字不同,而李成蹊正是李叔同早年用过的名字,于是有人断定李澂浠就是李叔同。

从事李叔同研究的著名学者陈慧剑先生还从李叔同字号的含义诸方面提出种种理由,说"李澂浠"之名与当年李叔同的学名"李文涛"有连带意义:"'文涛',其立义为'其人一生文章波涛壮阔',间接象征其日后文名盖世。'澂浠',则以'人格清明如水'为其小字,并皆从水,实为的配。"又说"澂浠"之印如此之多,如为他人治作以赠,至难解释。因此,他认为"李澂浠"其人,"如系弘一大师在俗自命私号,则甚合理"。(《弘一大师金石学作品初考》)

事实果真如此吗?笔者以为,要搞清李澂浠是否就是李叔同,关键是得查查究竟有没有李澂浠这个人。

其实,我们从天津地方志及一些实物上不难看出,李澂浠确有其人。他也是天津的一位乡贤,一位在艺术上极有造诣的知名画家。民国初年编纂的《天津县新志》有他的小传,称:"李澂浠,字幼竹,诸生。画人物得陈洪绶之遗。"李澂浠的父亲李竹坡,字铸皤,也是地道的天津人。此人须髯飘拂,庄严绝俗,俨然陈老莲画中高士。津人刘芷清先生在《津沽画家传略》中提到,李竹坡山水花鸟无不佳妙,他有两个儿子:一名澂浠,字幼竹,善仕女;一名二聃,善山水。(见《天津文史资料选辑》第四十九辑)李竹坡画画,善作大幅,梅石尤奇,又能书,喜长题。焦百诗藏有竹坡所画花卉屏,曾出陈于河北省金石书画文献展览会。李澂浠的绘画作品,意境高远,构图考究,气势磅礴,亦时有长题,颇有其父遗风。天津同文书局印有他所画的信笺。为纪念天津建城600周年,在周邓纪念馆举办的龚望先生收藏天津书画作品展上,展出一件李澂浠创作的山水长卷。此画笔触酣畅,粗毫斫排,大气淋漓,颇能代表李澂浠的画风,就更直接证明了李澂浠之其人其作之存在。

李叔同与李澂浠是什么关系,文献中尚未见确切记载。但从《李叔同印存》收入的李澂浠及其他几位天津乡贤的印章中可以断定,李叔同与李澂浠确有直接或间接的交往,他们之间至少是一种文友的关系。

《李叔同印存》第二集同时还钤有顾叔度、王吟笙、张兆祥几位津沽书画名流的印拓。顾叔度,名越,光绪年间天津著名书法家,私淑何绍基,真草篆隶及魏碑无一不精,篆刻亦有造诣,在书画金石界影响很大,曾任天津《大公报》第一任主笔。此人生于清咸丰五年(1855),比李叔同年长25岁。《印存》收有顾的印章14方。王吟笙为李叔同近邻,工诗,善画山水,笔墨淹润,有逸趣,生于同治九年(1870),光绪二十三年(1897)举人,比李叔同年长10岁。《印存》收入王吟笙名号印四方。张兆祥,号和庵,善画花鸟,设色妍雅,备极工致,折枝花尤觉秀丽生动。《清朝书画家笔录》《古今画萃》等书记载,张于光绪三十三年(1907)尝作牡丹图,宣统年间画《百花诗笺谱》。《印存》有张兆祥印两方。由此判断,张也比李叔同稍长。而李澂浠的生年则不详。但从他为天津同文书局画信笺来看,当生活在晚清,与李叔同年龄相仿,或稍长于李叔同。《印存》收李澂浠名号印最多,足见李叔同对他的推崇。然而这些印章是否为李叔同所刻,笔者不敢确定。因为这部印谱系早年未曾刊行的那套《李庐印谱》,李叔同在该印谱序中有"爱取所藏名刻,略加排辑,复以手作,置诸后编"之言,所以里面的印章不可能全是李叔同所刻。

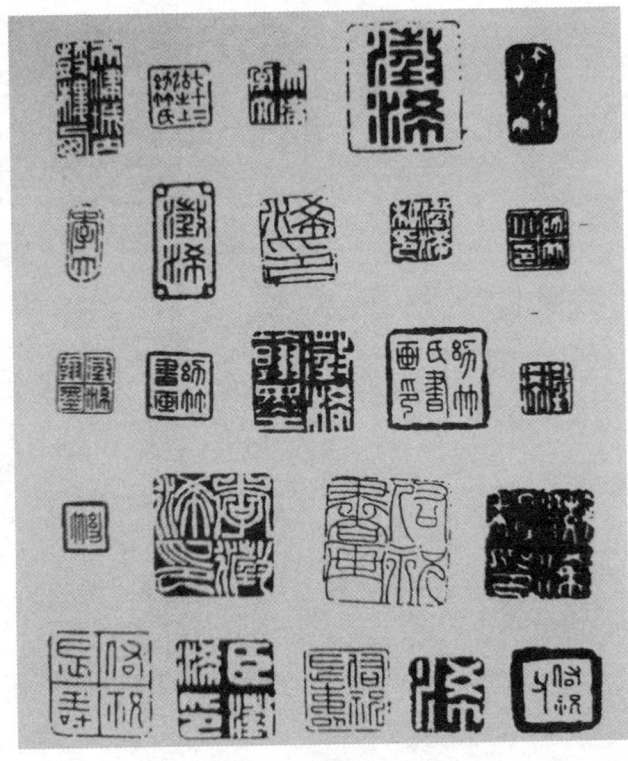

《李叔同印存》中李澂浠的印章(部分)

根据上述分析,顾、王、张、李都是李叔同景仰或是有过交往的人。他们的印章有可能是李叔同所作或部分为李叔同所作（王吟笙为弘一大师祝寿诗，有"为我治一章，深情于此寄"句），也有可能是他人所作而为李叔同所喜爱与珍藏。具体到李澂浠那40方印，从治印风格上看，印章的刀法、章法、篆法特色不尽相同，很可能是李澂浠本人的自用印，是李叔同从李澂浠那里或是通过别人之手钤拓来的，大多属于"所藏名刻"。

《李叔同印存》里的余堂印及余堂其人

《李叔同印存》钤有清人余堂的印章五枚,印文分别是"余堂印信"、"阶升尝观"、"阶升珍赏"、"丙阶余堂"(大小两枚)。累累印拓更激发了笔者对此人的兴趣。

余堂,字阶升,号葺园,天津人,出身书香门第,清嘉庆十八年(1813)中举,道光八年(1828)权广东大埔知县,十一年权佛山同知,十三年补从化,二十一年调阳春,再三年告老还乡。据方志所载,余堂官服廉能,极有声绩。他任大埔知县时间不长便碰到了"假命案"。所谓"假命案",即某些"贫民"以自服毒讹诈富户,很像今天的"碰瓷儿"以讹人诈财,弄得前任知县毫无办法,往往不分曲直,"惟令富户出资",敷衍了事。这样一来,效尤者接踵而至。余堂上任后,本着实事求是的原则,凡遇此类案件详加审理,断明是非,绝不滥罚无辜,"刁诈之风遂息"。在从化,他发现一些穷家子弟无钱读书,便捐出自己俸禄,用以培植寒士,振兴文教。"调阳春县,治不扰民,案无留牍。去官之日,士民送衡文尺一具,白水一瓶,以志遗爱。"(《续天津县志》

卷十四"人物")

余堂起家寒素,笃于交游,不忘桑梓。他刊刻《津门诗钞》,为津门文坛做出的贡献,尤其令人钦佩。该书编纂者梅成栋,平生留心乡邦文献,每"从蛛丝鼠迹间访求遗稿,遇有零章碎句,随时掌录不遗"。《津门诗钞》就是他多年辛勤耕耘所结的硕果。全书共30卷,采集自元明以来天津县的乡人、官吏以及流寓的作品,兼及天津府属各州县,诗人过四百,诗近三千,并附诸多注文及相关轶闻,或因人得诗,或借诗存人,保留了大量珍贵的文献资料。但遗憾的是,梅成栋乃一介寒士,该书于道光四年(1824)杀青后却一直无力刊行。此事被远在广东佛山的余堂所知,他当即索要其稿,详加审阅,自己出资刊刻。道光十二年(1832),《津门诗钞》终于在广州问世(目录末记"粤东省城大南门内西湖街康简书斋刊")。津门乡贤的诗作得以流传,余堂有不没之功。

《津门诗钞》刊刻后,余堂又在广东为梅成栋刊刻《欲起竹间楼存稿》四卷。关于此事的起因,余堂说:"堂于先生(梅成栋)之诗,尤所癖嗜,凡残片断句,手为录存。而先生往往不自爱惜,随作而随弃焉。今年春,余为梓先生所辑之《津门诗钞》告竣,因驰书于先生曰:'敢有请者:大集如何付下?名山著作,广畏津累,似不必定待五百年后也。'先生迫余请,乃辑其集而邮寄焉。"(《欲起竹间楼存稿序》)由此可知余堂出资为此书付梓亦是出自本心,表现出他对乡邦文化的珍惜与热爱。《天津县新志》卷二十三称,该书的价值在于其选诗"自道光辛巳,迄于戊子,不过八年,而此八年之诗又多萧本(此前温江萧思谏曾辑有钞本六卷)所未载,盖别一选本也"。

余堂一生,力学不倦。少时作《咏月》诗,有云"静当风露夜,闲阅古今愁",颇为当时诗家所称。著有《思诚书屋吟草》四卷,录其未达时诗一卷,筮仕岭海诗二卷,归田以后诗一卷。"凡士民之爱恋、宦况之萧条,略见后三卷中。"(《天津县新志》卷二十三)庆云崔旭题其集,有"人好诗亦好,篇篇俱老成"之句。

余堂70多岁时在天津去世。病重期间,梅成栋每天前往探视,为之酌医数月,可见二人情谊之深。

言至于此,再回至《李叔同印存》。有人以为《李叔同印存》里的印章全都是李叔同本人所刻。笔者认为这种观点是不恰当的。余堂乃嘉道时人,早于李叔同将近一个世纪,李怎么能给余刻印呢?《李叔同印存》收入前代人的印章还有很多(如"一字朗山"是鼓楼东姚家前辈、嘉道时人姚承恩的印章),且印章的风格和时代特征也不尽相同,这些印章显然不是一人所刻。其实李叔同在《李庐印谱》序里说得很清楚,《李庐印谱》所收的主要是他所藏的"名刻",附之以自己的作品。今人编辑出版的《李叔同印存》也正是如此(《李叔同印存》的篆刻作品是否就是李叔同当年在上海想印而未成的《李庐印谱》,尚待考证)。

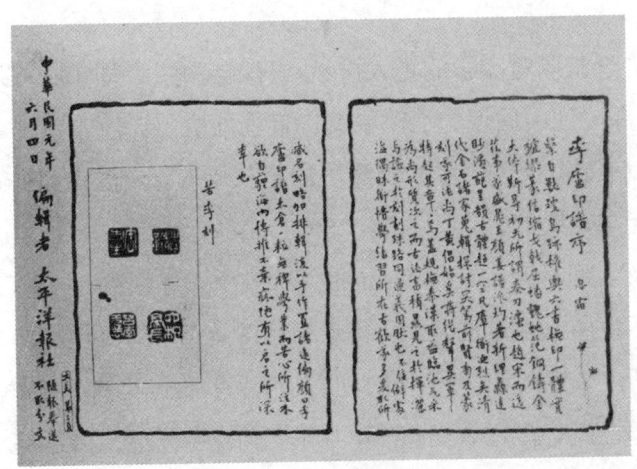

《李庐印谱序》

由此我们可以这样推断,青少年时代的李叔同不仅自己苦练篆刻,还四处搜罗,将他人手里的旧藏借以钤盖,略加编辑,复以手作,而编成印谱。余堂的几方印便属于当时遗留下的乡前辈自用印,即前人的篆刻作品。

李叔同与乐石社及自创锥刀

评价李叔同对印学的重大贡献,不仅要关注大师 19 岁以前的印作,更要探讨他中后期的治印成就。客观地讲,与其在戏剧、音乐、绘画上的发展轨迹一样,艺术成熟后的李叔同对篆刻的造诣与追求才真正是无与伦比的。

言及大师对近代篆刻事业的弘扬,最令人感叹的是 1915 年他对创办乐石社所倾注的心血,以及乐石社对这门艺术的推进。那是他执教于浙江一师的第三个春秋,加入西泠印社一年有余的李叔同得知学生邱志贞等喜好金石篆刻,当即支持他们成立了继西泠印社之后的又一印学团体——乐石社。李叔同任主任,会计、书记各一人,庶务四人。社址在杭州后市街清行宫内藏社旧址。李叔同为此撰写了《乐石社记》和《乐石社社友小传》,自述发起因缘,记载 25 位社友的姓名、籍贯、专长。在其本人条目中谦称:"幼嗜金石书画之学,长而碌碌无所就。"在师范院校内组织印社,传播印学知识,具有开近代篆刻教育之先河的特殊意义。南社社友姚鹓雏赞曰:"乐石社者,李子息霜(李叔同)集其友朋弟子治金石之学者,相与探讨观摩,穷极渊微而以存古之作也。"郑逸梅在《南社丛谈》里也提道:"南社社友李息霜、费龙丁等,他们是癖好金石的,组织乐石社。社址设在杭州。"

据称,乐石社成员开始只限浙江一师师生,后得吴昌硕等人的"左提右挈","声气遂孚",校外痴心于金石篆刻者纷纷加盟。连南社主任柳亚子、南社后期主任姚石子等也成了该社社员。其中也有身手不凡的知名印人。一师教员夏丏尊也是刻印高手,藏于西泠印社石壁中的"李息""哀公"二印便是他的作品。乐石社除定期雅集外,还先后编印《乐石集》十集附社员藏印一集,并有一册

《乐石》第一集

《乐石社社友小传》。一些印学家断定,这可能是我国最早的印社作品集和史料汇编,在近代篆刻史上领风气之先。1917年,乐石社更名"寄社",成为以一师校内学生为主的篆刻研究团体,在该校读书的丰子恺、潘天寿均是印社活动的参加者。

自创锥刀是李叔同中后期于治印一道的具有变革性的开拓之举。印学界有人说:"李叔同于篆刻艺术,早年宗汉,又不失其正。然此公胸臆、性情又迥异于常人,极自负。"(孙洵《民国篆刻艺术》)。作为西泠印社的早期社员,他与社长、金石大家吴昌硕交游频频。对此,与李、吴同时的费龙丁尝言:"昔年与息翁同家西泠,同人有延入印社者,遂得接社长缶老人(吴昌硕)丰采。于是挑灯释璨,待月扪诗,符玺杂陈,烟霞供养,甚得古欢。未几俱作海上寓公,往来益密。"(《缶老人手迹》序)。虽然李叔同与吴昌硕近在咫尺,但李却不依吴

之门户。吴昌硕刻印,自创"吴刀",钝刃入石,苍劲浑朴。李叔同则另辟一径,自创锥刀。他在给友人的信中说:"刀尾扁尖而平齐若锥状者,为朽人自意所创。锥形之刀,仅能刻白文,如以铁笔写字也。扁尖形之刀可刻朱文,终不免雕琢之痕,不若以锥形刀刻白文能得自然之天趣也。"他把这一观点作为自己的创论,并付诸艺术实践。"弘裔""大心凡夫"等白文印章就是他用锥刀刻就的,线质流转自然,颇具冲逸之致。

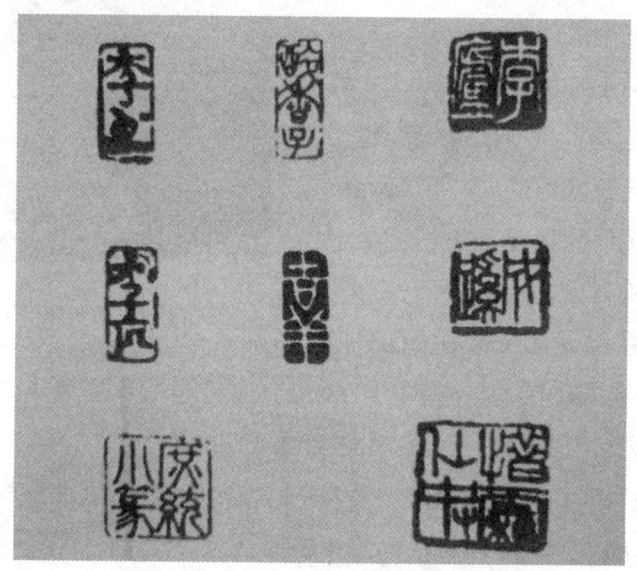

李叔同早年的部分印章

人言:"弘一大师出家后,除书法外,诸艺皆废。"未免偏颇。实则治印也是终其一生而未曾放弃的癖好。虽出家前他将平生所刻及友人刻印共92钮赠予西泠印社,由印社将其封于石壁中,但这并不意味着他终止了对篆刻艺术的追求。42岁那年,他在为夏丏尊所作题跋中就曾提及"手制数印,为志庆喜"一事。44岁那年,特为西泠印社书《阿弥陀经》一卷,更见其与印界情缘未了。离俗披剃后仅在闽南的印作,已公之于世的就有 39 钮,且比以往作品更加"闲云出岫,舒展绝俗",有治印大家的气度与风范。吴昌硕曾作《题弘一大师手书〈梵网经〉》诗:"昔闻乌柏称禅伯,今见智常真学人。光景俱忘文字在,浮提残劫几成尘。四十二章三乘参,镌华石墨旧经龛。摩挲玉版珍珠字,犹有高风继智昙。"真切表达了印界同仁对李叔同的赞誉。

印章与"印冢"

——叶为铭的"绍介之德"

1918年8月中旬,李叔同致信西泠印社的叶为铭说:"不慧已于十三日卯刻依了悟大师剃度,命名演音,字弘一。曩罗依仁者绍介之劳,乃获今日之解脱。饮水思源,感德靡穷,敬书'南无阿弥陀佛'六字奉诸座右,愿

西泠印社

他同生极乐,聆妙法音,回施有情,共圆种智。"弘一大师常以"南无阿弥陀佛"奉之于师友生徒,以表示对佛的虔诚。"南无阿弥陀佛",是佛教信徒表示一心归顺于佛的用语。常用来加在佛、菩萨名或经典题名之前,表示对佛、法的尊敬和虔信。《观无量寿经》:"具足十念,

称南无阿弥陀佛；称佛名故，于念念中，除八十亿劫生死之罪。"弘一为何为叶为铭书此佛号并对叶如此感激呢？原来叶为铭是促使大师出家的助缘之一，也可以说是构成其最终出家的"近因"之一。

叶为铭(1866—1948)，字品三，号叶舟，又号盘新，别署铁华庵，浙江杭州人。著名篆刻家，且精于书画。1904年，叶与吴隐(石潜)、丁仁(辅之)、王禔(福庵)等在杭州孤山创立西泠印社。主要著述有《列仙印玩》《松石庐印汇》《铁华庵印集》《逸园印辑》《西泠印社小志》等。一向酷爱和擅长书画篆刻艺术的李叔同，自任教浙江一师后，便与西泠印社吴昌硕、叶为铭等人有所交往。1914年，西泠印社吸收李叔同、经亨颐、夏丏尊等为社员。差不多同时，李叔同在浙一师师生中发起成立了篆刻团社乐石社。由于李叔同的积极争取，乐石社一成立就得到了西泠印社叶为铭等前辈的热忱指导。

李叔同之剃度，叶为铭有"绍介之劳"。所谓"绍介之劳"，是指1916年底，当李叔同决定进行断食实验时，因叶为铭的"绍介"，他找到了一个合适的实验场所。这在李的《我在西湖出家的经过》一文中，有过具体的叙述。文中说："我便预定十一月来作断食的时间。至于断食的地点呢？总须先想一想，考虑一下，似觉总要有个很幽静的地方才好。当时我就和西泠印社的叶品三君来商量，结果他说在西湖附近的地方，有一所虎跑寺，可作为断食的地点。那么，我就问他：'既要到虎跑寺去，总要有人来介绍才对。究竟要请谁呢？'他说：'有一位丁辅之，是虎跑寺的大护法，可以请他去说一说。'于是他便写信请丁辅之代为介绍了。"

由于金石书画等艺事上的交往，叶为铭原就与李叔同友善，而其"绍介之劳"，更增进了他与李叔同之间的情谊。李在入佛之前，曾两次致信叶为铭，托其将旧藏之数轴书画、日本畴村印人手镌丁未朱白历、日本滨村藏六手制刻印刀及黄宾虹所藏印稿等，转赠西泠印社。

尤其值得一提的是西泠印社的"印冢"。李叔同在杭州虎跑寺披剃出家前,特将他平生篆刻作品和藏印共 92 钮赠予西泠印社。该社为之筑印冢,将印封于石壁中,并立碑以记事。叶为铭在西泠印社"印藏"作了题记:"同社李君叔同,将祝发入山,出其印章移储社中。同人用昔人'诗冢''书藏'遗意,凿壁庋藏,庶与湖山并永之尔。戊午夏叶舟识。"

印藏

1923 年六月,西泠印社请弘一大师写经、山阴吴熊舍资、叶为铭监造、俞庭辅等镌刻,在遁庵左侧建造弥陀经塔一座。弘一大师十分重视这一善举,他在应请书写经文之后,曾两次致信叶为铭,就相关事宜有所交代。叶和西泠印社同人建造经塔,并请弘一写经之举,除了弘扬佛法,大概也是为了纪念他们与大师的一段因缘。而弘一大师如此看重叶为铭等人的善举,也说明大师始终没有忘记叶为铭的"绍介之劳"吧。

"印冢"里的印章

艺术之精　极于无相

——为马冬涵印集作序

马冬涵(1914—1975)，又名晓晴，福建漳州人，精篆刻。1938年冬，马将自己的印集呈于弘一大师，弘一为印集题词："无相可得"，并作序："晓清居士，英年好学，长于艺术，治印古雅，足以媲美缶庐诸老。夫艺术之精，极于无相。若了相，即无相，斯能艺而进于道矣。印集文云听有音之音者聋，即近此义，若解无音之音，乃可谓之聪也。居士慧根夙植，当能深味斯言。戊寅秋晚。二一老人，时居南州。"

在此之前，马冬涵几次请教弘一大师有关篆刻的问题，大师不厌其烦地向他阐述自己对印学的理解和刻印之法，并对冬涵的作品予以肯定。他在1938年农历正月十六日致函鼓励马冬涵说："所刻各印甚佳，佛像尤胜。仁者将来可以刻佛像印百方，辑为《百佛印谱》十卷(每十印之边款共数十叶为一卷)，流传世间。亦可以艺术而弘传佛法，利益众生。"事隔三天，大师在掩关前给冬涵再发一函，并请冬涵刻印，信中称："以后仁者暇时，再乞为刊四印，乞刊白文，印石不须佳也。"

1938年农历十月二十九日弘一大师致冬涵书最为系统,堪称探讨大师印学和书法极其重要的信函。信中说:

惠书诵悉。承示印稿至佳,刀尾扁尖而平齐若锥状者,为朽人自意所创。锥形之刀,仅能刻白文,如以铁笔写字也。扁尖形之刀可刻朱文,终不免雕琢之痕。不若以锥刻白文,能得自然之天趣也。此为朽人之创论,未审有当否耶?属写联及横幅,并李、郑二君之单条,附挂号邮奉,乞收入。……仁者暇时,乞为刻长形印数方,因常需用此形之印,以调和补救所写之字幅也。

朽人于写字时,皆依西洋画图按(案)之原则,竭力配置调和全纸面之形状。于常人所注意之字画、笔法、笔力、结构、神韵,乃至某碑、某帖之派,皆一致屏除,绝不用心揣摩。故朽人所写之字,应作一张图按(案)画观之斯可矣。不唯写字,刻印亦然。仁者若能于图按(案)法研究明了,所刻之印必大有进步。因印

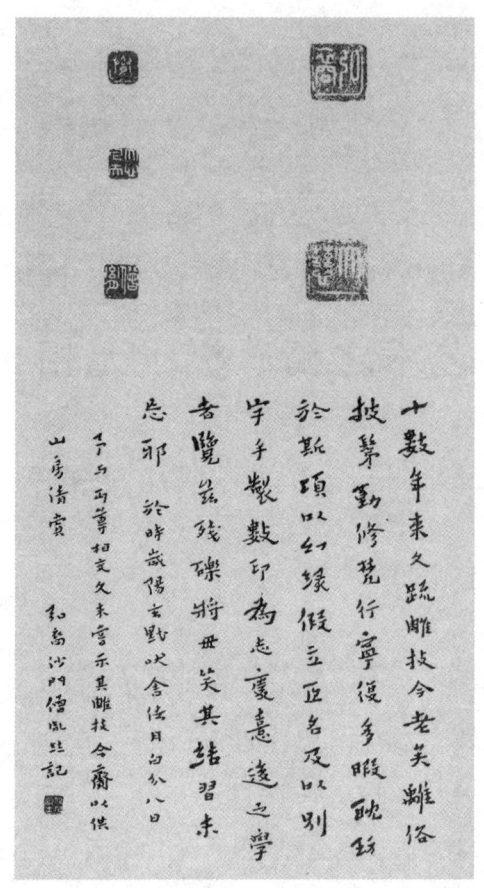

示夏丏尊五印及题记

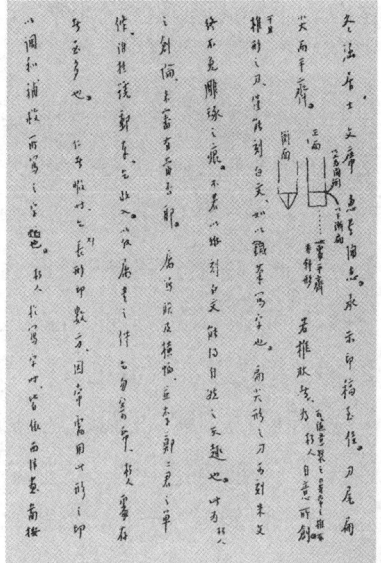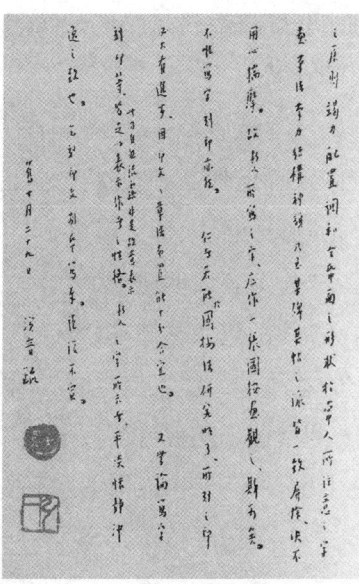

致马冬涵信(之一)

文之章法布置,能十分合宜也。又无论写字刻印等皆足以表示作者之性格(此乃自然流露,非是故意表示)。朽人之字所示者,平淡、恬静、冲逸之致也。乞刻印文,别纸写奉。谨复,不宣。

这封信有三层意思。首言大师用独创的锥形刀镌刻白文印,尤得自然之天趣,而常人所用的扁形刀,可刻朱文印。次言参用图案法,对写字刻印的进步是大有裨益的。第三层言及写

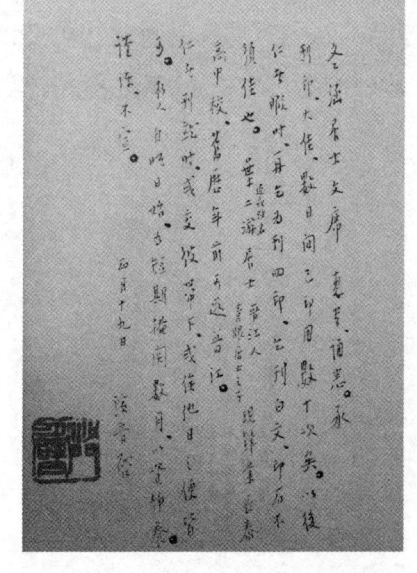

致马冬涵信(之二)

字刻印要屏除依傍，以表示作者之性格。人称此函乃近代印学、书学一大"遗珍"。

此信写就后，不成想冬涵被关进上饶集中营，其弟子张人希至福林寺向大师请教，大师便将这封信及丰子恺来信一通交人希保管。

话题再回到大师为马冬涵印集作序上来。此序虽短，却被专家认为是"合佛老二理，圆融无碍；探艺术三昧，精微玄奥"的经典性文字。大师说：艺术之精，极于无相。佛家以宇宙万物，统称为法，凡法有它的本法，曰性，又有它的形象，曰相。相是万变虚妄的。所谓无相，一谓真理，理绝众相，故名无相；二就涅槃法相解，涅槃之法，离虚妄之十相，故曰无相。但艺术必有形象，何能无相呢？弘一大师所说的"无相"，是作品超于形象之外升华的精神境界。这里的形象是广义的，包括书法的笔墨、金石的篆文，甚至也包括抽象绘画的色块、肌理，可以说它存在于一切艺术形式之中。当一件艺术品成为审美体验的对象时，能使观者直觉到宇宙生命的存在和人类情感的永恒，以至物我两忘，功利俱舍，这样的艺术就达到了最高的精神境界。它所涵映的是视之不见、听之不闻、搏之不得的"道"——"无相"之道。

岂因时事感　偏作怒号声

——爱扇藏扇书扇画扇

　　浙江省立第一师范学校任教时的留影中,李叔同身着长衫,手执一把展开的大折扇,隐约中似乎扇面上有点点画迹。1936年在福建厦门日光岩的留影,李叔同右手握黑色折扇,神情安然,使人想起郁达夫的诗句:"远公说法无多语","道宗宏议薄飞升"。1938年在漳州梅园与道友的合影,李叔同手中的一把扇子几乎遮住了他的前胸,使人感到一股仙风道骨般的优雅与潇洒……

　　在记录着李叔同——弘一大师人生轨迹的一些老照片中,人们总能看到他与扇子的那份不解之缘。

　　扇,是李叔同心中的爱物。早在天津时,他就收藏了不少的扇子。津门书家甘守仁和文字学家华石斧赠予他的折扇,一面为甘所书柳公权《玄秘塔碑》,另一面为华所画仿恽南田四尾红、墨金鱼,均题"叔同"上款。这是李叔同藏扇中的一件。此外,他还藏有徐国观工楷写的团扇等。当年,他由上海返回津门故里,共带回四个大皮箱,有一个箱子装的全是扇子。他在皈依佛门之前,将他历年所藏的折扇赠给他的好友夏丏尊,又为夏丏尊所精心收藏。

李叔同不仅藏扇集扇,还尤喜在扇子上创作书画。天津博物馆珍藏一件李叔同所作"八破扇",圆形的扇面上画有六折残扇和一个信封,残破折扇面上有其亲绘兰花。画这"八破扇"的那年,李叔同仅15周岁。1911年,李叔同在天津家中,欣然为他的侄子李麟玺在扇面上题写马君武《去国辞》五章中的一章,亦可见他对书扇、画扇之热衷。

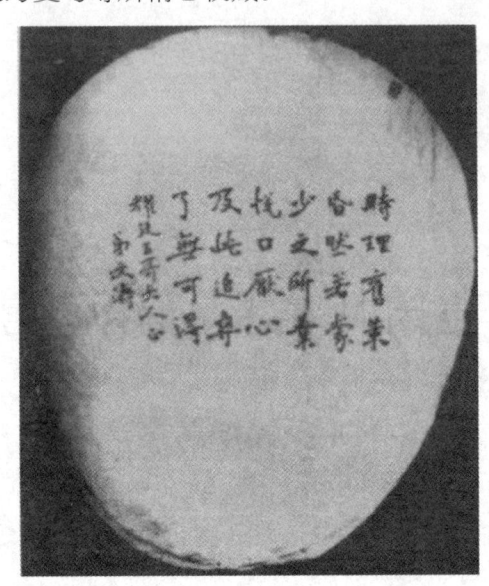

李叔同所书团扇

扇子也是李叔同数十年交友、结缘、弘法而馈赠他人的常用赠品。1901年三月,李叔同由上海回津,寒食节那一天,特为世交华伯铨书扇,一面用小篆书写唐人张祜的怨情诗:"故国三千里,深宫二十年。一声何满子,双泪落君前。"落款"辛丑寒食,伯铨先生大雅属"。另一面是仿时人陶浚宣的魏碑体书法而录写的自己新作《遇风愁不成寐》的前半:"世界鱼龙混,天心何不平?岂因时事感,偏作怒号声。"此诗乃其《辛丑北征泪墨》诗词中之一首。

笔者从李叔同赠给其弟子刘质平的书法中发现,其中至少有两件为大师的扇作。一为折扇,书楷体字;一为团扇,书秦权量文。又见大师晚年所书折扇扇面,写的是佛教经义,因署有上款,也当是赠予他人的纪念品。笔者还获知,李叔同从日本留学归来,为表示对故交陈翯洲的友情,特用日本纸制造的扇面书写"五道群生,咸同斯度"八个大字,以此扇相赠。20世纪50年代,龚望先生与惠文法师商定,在大悲禅院内设弘一法师纪念室,陈翯洲先生闻讯后,慨然将此扇提供给了纪念室。

  2013年9月,天津李叔同故居纪念馆、天津美术馆等单位举办"华枝春满——李叔同书法、信札展",展品中有两件扇作特别引人注目。一件是李叔同1897年用泥金折扇扇面书写的钟鼎文。另一件为团扇,上书:"时理旧策,昏然若蒙。少之所业,悦口厌心。及此追寻,了无可得。"从扇中,人们不仅看到了李叔同的文化理念和艺术追求,也看到了这位大师丰富的精神世界。随着时间的推移,无论是他的书扇、画扇,还是经他集藏的扇子,历史价值、人文价值、美学价值都日益彰显出来。

中国最早的水彩画

——兼谈《水彩画说略》

李叔同是我国早期留学的水彩画家之一,也是中国水彩画史中里程碑式的人物。100多年前,他的水彩画《山茶花》和《沼津风景》是我国早期的水彩画作品,他的著作《水彩画法说略》是我国第一部水彩画理论著作。2009年,在文化部、中国美术家协会和中国美术馆主办的"中国百年水彩展览"上,李叔同的水彩画占据首位。

1905年,李叔同旅居日本,为来年考东京上野美术学校做准备。在这段潜心苦学的日子里,李叔同对水彩画有了深入了解,他将绘画过程中的心得体会,写成一篇《水彩画法说略》。李叔同在其中说:"西洋画凡十数种,与吾国旧画法稍近者,唯水彩画。"正是因为这种"稍近",使得之后水彩画在中国的传播有了可能。

就在这一年的冬天,李叔同创作了第一幅水彩画《山茶花》。这幅水彩画为横幅,其上方是一朵盛开的茶花,浅浅的红晕色,配以淡绿叶子,花朵连着一条长的枝干,清丽素雅。画的下方题有《减字木兰花》(半阕):"回阑欲转,低弄双翘红晕浅。记得儿家,记得山茶一树花",并书:"乙巳冬夜息霜写于日京小迷楼",钤印:"三郎"(李在家中排行第三,故小字三郎)。客居日本的李叔同思念故乡的山茶花,它们曾绽放在天津粮店后街的李家大院里。睹物思乡,李叔同想起小时候每到初秋,山茶满树繁花,美得炫目。如今他人在异国,不免想起故乡,想起故去的双亲。这幅水彩画融入了中国画的艺术语言,绘画主体、构图、题款和印章,都说明李叔同在进行西方绘画的系统学习后,出于对传统艺术的自觉,将中国画的笔墨精神融入了水彩画创作之中。这是水彩画艺术民族化探索的开始。

《沼津风景》又称《明信片上的风景》,是以明信片为形式载体的水彩作品,与《山茶花》创作于同一时段。作品规格为11厘米×17厘米,两页对折。1905年秋,李叔同东渡日本求学。当年11月,他寄给徐耀廷一张自制的明信片,并在明信片的正面画了一幅水彩画。这幅画,表现了在光照下,海水呈一线阳光,稻田为黄绿色的自然景象。通幅作品有斑斓的色彩和随意自如的笔触,组成了一个多姿多彩的整体,把沼津的山、海、树木、田野描绘得异常动人。李叔同在这张明信片的背面写道:"沼津,日本东海道之名胜地。郊外多松柏,因名其地曰千本松原。有山耸于前,曰爱鹰山。岗中黄绿色为稻田之将熟者。田与山之间有白光一线,即海之一部分也。乙巳十一月,用西洋水彩画法写生,奉月亭老哥大画伯一笑。弟哀,时客日本。"从这幅小画的风格和题记来看,这是李叔同到日本后的一件写生练习。李叔同在日本学习期间,除自费雇佣模特画人体之外,还常到一些名胜地去写生,这幅《沼津风景》就是证明。著名水彩画家石增琇先生分析说,此画即按照西方外景写生作画,具有明显的印象画派的理念和风格,这与他后来的日本老师黑田清辉似乎有着某种联系。黑田清辉一生坚持外光写生,画法采取印象派技法。师生二人在东方人学习西方绘画的取向上基本是一致的。所不同的是,李叔同即刻就尝试按照中国绘画对自然的诠解方法大胆地做出了实践。这种自觉、自悟也非常人可比的。

《沼津风景》

《沼津风景》明信片原为徐耀廷所珍藏。1946年,89岁的徐耀廷去世。李叔同当年给徐耀廷的信件、字画等大部分由徐耀廷之孙徐广中保存了下来。徐广中深知这些文物的价值,由于自己不便妥管,便将一些李叔同的金石书画转托李叔同的弟子丰子恺先生。徐广中在生活极端困难的情况下,一次次将李叔同的书信捐赠博物馆,达16封之多。到20世纪60年代,经原天津艺术博物馆馆长崔锦先生主持,他将此明信片和其他文物捐献国家收藏。捐赠后,此件文物便一直存放于天津艺术博物馆,为馆藏之宝。21世纪初期,由于体制改革,原天津艺术博物馆与天津历史博物馆合并为天津博物馆。这件《沼津风景》以"明信片上的风景"为题,保存在天津博物馆。

《水彩画说略》原刊于1905年12月《醒狮》第三期,署名"息霜"。

全书包括"水彩画材料""水彩画之临本"等,不仅讲画法,也透露出其水彩画的创作思想和教育理念。其中说道:"欧美新教授法,初学绘画,即由写生入手,不用临本。然吾国人智识幼稚,以不谙画法者,强其写生,如坠五里雾中,有无从着手之势。况水彩着色,最为复杂。倘不先用临本,知其颜料配合之大概,即从事写生,亦有朱墨颠倒之虞。故初学水彩画,当先用临本。迨稍谙门径,然后从事写生,较为便利。"从这段话可以看出,当时欧美与中国教授绘画有别,李叔同倡导国人学习水彩画也先从临摹入手。

　　有人曾这样评价:李叔同大师在积极引进、学习西方艺术的同时,立足于民族精神的审美、传统和文化的基础上,积极顺应时代变革,将西洋的画种化解得如此完美、如此天衣无缝,这只能在艺术的殿堂中取得上乘核心高度、把握艺术真谛才能做到。因此,大师也不愧为中国水彩画艺术的先驱。他在学堂乐歌、诗书画印、戏剧等方面取得的成就都在证实大师艺术的高超。

承先启后　独放异彩

——新发现的一幅李叔同山水画

2005年初冬，一个偶然的机会，我得到一套天津蓝天国际拍卖公司的拍卖图录，当翻到中国书画部分时，发现第37号拍品是一幅署名"哀"的山水画。此画为竖长形，长一米有余。其下方为坡石、岗峦、树丛，湍湍的溪流上架一长桥，一老者在桥上行走。其上方，烟雨朦胧中掩映着几间草舍，从高山上奔腾而泻的瀑布如一条白练悬挂于山崖。整个画幅，清秀韵雅，用笔简括，令人耳目一新。画的右上方题款一行："企林先生一笑。弟哀，时同留学日本东京。"款下钤"李息"白文印一枚。图录的文字说明上标示，该作品为"立轴，设色纸本"，作者"李息"，但未注明作者生卒年和简历。作为李叔同研究者和书画收藏者，凭着自己的判断，我很快意识到，人们期盼已久的李叔同创作的中国画作品今天终于出现了！

从署名上看，"李哀"和"李息"正是李叔同留学日本期间所用的名字。李叔同名号甚多，且常因环境变换而改变。据李的弟子刘质平称,至1933年,李叔同的别署二百有余。出家后,其笔名达数百之多。由于名号多,往往出现这种情况:本是李叔同真迹的却不为人所识,而署名"弘一"的作品也未必可靠。笔者曾在一次古籍拍卖会上,见一署名"成蹊"的信札,是写给孟广慧的。"李成蹊"乃李叔同幼名,因鲜有人知而被明眼人"捡了漏"。

这幅画既不署"李叔同"也不署"弘一",而是署名"哀","哀"正是李叔同。李叔同之所以取名"哀",是因为李的生母王氏于1905年病逝,25岁的李叔同悲痛之极,葬母后易名"李哀",字哀公。林子青先生编著的《弘一法师年谱》中说:李叔同于1906年阳历9月29日考入东京美术学校油画科,初名李哀,继名李岸,当时留日学生学美术者极少。在日本留学时及归国后的一段时间,他均以"李哀""李息""息霜"的名号出现。此画署"哀"并钤印"李息",完全合乎李叔同的生平历史。

从款识的书写上看,其字画、风格、气韵与当时李叔同的书法特点毫无二致。众所周知,李叔同书法功底雄厚,诸体俱佳。出家前胎息六朝,以篆溯源,以楷结实。以其出家前的行楷而言,如加细分,又可

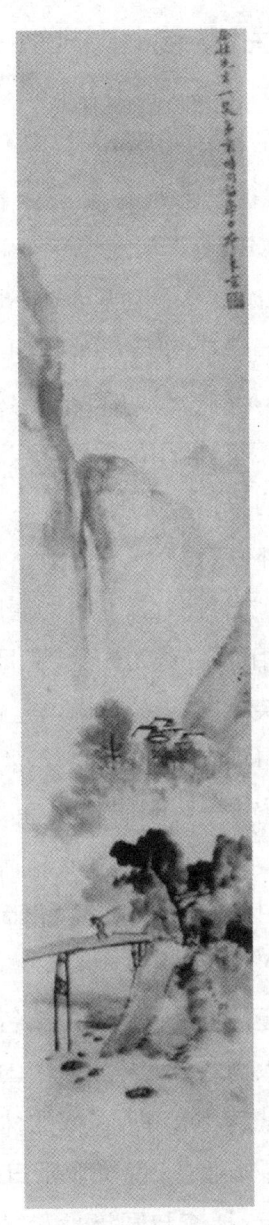

李叔同山水画

理出三个阶段。早期为20岁左右时,有苏体因素(显然是受赵幼梅影响),又掺入黄山谷的纵横取势。中期即在日本留学时,除保留早期的放逸,于质朴中又透出一种秀美。后期即回国后到皈依佛门之前,线条愈显沉稳,更多了一份碑味。此山水画的题款即中期之行楷。如果将李叔同书写的《喝火令·哀国民心之死》与此画的款字加以对比,就会看到两者在书风上完全一致,而《喝火令》正是李叔同在日本留学期间于1906年回津探亲时所写。可见这幅山水画与《喝火令》当是同一时期作品。另外,画上"李息"的白文印也与李叔同所用原印相符,此印是见于李叔同印章著录的。

再分析一下画的上款,"企林"不仅确有其人,而且所谓"时同留学日本东京"亦确有其事。企林名唐肯,号沧谙,江苏武进(今常州)人。他出身书香门第,为唐顺之的后裔。企林是唐肯的字。将对方以字相称,并尊为先生,是旧时的习惯,表示对友人的尊重。"企林先生一笑"是作者的自谦,与当时的署款时尚完全相符。笔者又查阅了李留日期间其他带有上款的作品。李叔同赴日留学时曾给天津的徐耀廷寄去一张明信片,上面是他创作的水彩风景画,其上有题记称:"乙巳十一月,用西洋水彩画法写生,奉月亭老哥大画伯一笑。弟哀,时客日本。"这种题款与此画上款的格局大同小异,可明显看出是出自一人。

唐肯也是近代一位知名的文化人、卓有成就的书画家。《中国近现代人物名号大辞典》《中国近现代书画家辞典》等均有关于他的词条。其名乃慕解放黑奴的林肯为人而取。光绪年间于日本中央大学法律系毕业(一说毕业于日本士官学校)。此人生于1876年,卒于1950年,比李叔同年长四岁。唐肯曾任江苏宜兴县县长。他工书、擅画、能文、善诗、精鉴别、富收藏。书法初学苏东坡,后肆力于颜、魏,尤宗钱南园,故有人称其书原出自"唐碑派"。画攻山水,宗"四王"。其人其艺,皆为人所重。笔者曾见到一幅他的山水画,题为"衡门高士",作于乙酉年(1945),虽未出"四王"轨范,然意境开畅,颇见功力。唐肯与李叔同早有交往,其在日本留学时还与李叔同一起演过话剧《茶花女》。据文献记载,《茶花女》的剧本由曾孝谷翻译,剧中的角色排列是:李叔同饰茶花女默凤(玛格丽特),唐肯饰亚猛(阿芒),曾孝谷饰亚猛的父亲,孙宗文饰配唐(玛格丽特的女友普鲁唐司)。唐肯在日本留学与李叔同在日本留学是同一时期,两人同在日本东京,都在话剧团体春柳社,又有共同爱好,其间以书画互赠,乃在情理之中。唐肯的生平与此画上款的吻合,证明了这幅山水画的存在在逻辑上的合理性。

唐肯书法

李叔同1905年东渡日本留学,1906年9月入上野美术学校,向黑田清辉、中村胜治郎等教授学习素描写生、水彩水粉、油画等技艺。当时东京《国民新闻》记者特地采访他,其访问记题为《清国人志于洋画》,发表于1906年10月4日《国民新闻》,并登有李哀西服全身照片与速写画稿一幅。然而,在此期间,他虽攻西画,却依然推崇中国画。他在日留学期间写过《艺术谈(一)》,于1910年4月刊于上海城东女学校刊《女学生》第一期上,其中一节为"中西画法之比较",李叔同说：

> 西人之画，以照像片为蓝本，专求形似。中国画以作字为先河，但取神似，而兼言笔法。尝见宋画真迹，无不精妙绝伦。置之西人美术馆，亦应居上乘之列。
>
> 中画入手既难，而成就更非易易。自元迄今，称大家者，元则黄、王、倪、吴，明则文、沈、唐、仇、董，国朝则四王及恽、吴，共十五人耳。使中国大家而改习中画，吾决其不三五年，必可比踪彼国之名手。西国名手倘改习中画，吾决其必不能遽臻绝诣。盖凡学中画而能佳者，皆善书之人。试观石田作画，笔笔皆山谷；瓯香作画，笔笔皆登善。以是类推，他可知矣。若不能书而求画似，夫岂易得哉！是以日本习汉画者极多，不但无一大家，即求一大名家而亦不可得，职此之故，中国画亦分远近。惟当其作画之点，必删除目前一段境界，专写远景耳；西画则不同，但将目之所见者，无论远近，一齐画出，聊代一幅风景照片而已。故无作长卷者。余尝戏谓，看手卷画，犹之走马看山。此种画法，这吾国所独具之长，不得以不合理斥之。

在这里，李叔同对中、西绘画的特点做了全面比较，可见他对中国画的深刻理解。由此也可看出，李叔同虽攻西画，但并不影响他对中国画的钻研与爱好，加之他身具中国传统绘画的坚实基础，在那时便创作中国山水画是顺理成章的。

判定此画为李叔同的真迹还有一个重要理由，那便是专家对其艺术水准和创作年代的认可。据笔者所知，为蓝天拍卖公司把关掌眼的人都是当今一流的高水平鉴定家，伪品和劣品很难逃过他们的眼睛。此画能上大拍，起码证明专家对其为20世纪初的作品是不存异议的。而且，凡是被他们认定并接受拍卖的拍品，一般多为旧纸、旧墨、原装裱的作品，这就意味着此画不存在新仿、新裱或作旧的迹象。笔者从图片上观察，也能看出画面的陈旧和由于保存欠妥而自然生成的斑点,这往往是旧画特有的标志。而"老假"的可能性又几乎不存在,因为李的画在当时还不能卖出高价,况且"李息"是谁一般人是不知道的。

笔者也是一个多年与字画打交道的人,曾目睹了许许多多的假画,对判别字画的真伪一直持慎重态度。坦白地说,笔者对字画市场不属于"乐观派"。但根据多方面因素的考量,笔者认为李叔同的这幅画不在假画之列,用行话来讲,这是一件"开门见山"的真品。鉴定旧字画有一条原则,如果在一件作品上找不出假的地方、作假的痕迹和自相矛盾之处,你就没有理由怀疑这东西是假的。李叔同的这幅画何尝不是如此? 至于拍卖公司一时没能判别"李息"即为李叔同,这倒可以理解。因为只有对李的生平十分了解的人才能将"李息""李哀"与李叔同即弘一大师对上号。对李叔同名号这类问题,不是对李叔同做过专门研究的人是不会有鲜明印象的。

李叔同的这幅山水画极富新意,从中我们不仅窥出其远溯马远、夏圭及沈周、石涛的意味,也感受到西方水彩画的那种透明与淋漓,而作品中那超然秀润的画风则更是明显地透出日本画的影子。在艺术发展的历史长河中,日本画长期受中国画的影响,中国画也从日本画中汲取了营养。20世纪初,随着中日文化交流的日益频繁,一些留日青年从东、西洋绘画艺术技巧中吸收其长,在绘画中形成新的格调和流派。东京美术学校为日本明治维新以后,仿照西洋美术学校方式所创立的学校,建于1888年,战后改名为"东京艺术大学"。根据文献可知,清末前后留学于该校者,知名的有李岸(叔同)、曾延年(孝谷)、黄二南(辅周)、陈了云(之骥)、高剑父、苏曼殊、陈抱一等。以后来创立的岭南画派为例,其领军人物除高剑父外,高奇峰、陈树人等亦曾在日本留学,研习绘画。他们的画注重写实,擅长逸笔,色彩艳丽,作品题材多为花鸟、走兽。然据林子青先生《弘一法师年谱》中"光绪三十二年丙午"(1906年)条所记,这时东京美术学校油画科,中国留学生只有二人,另一人为曾延年,一般以李叔同为留学东京美术学校之第一人。一说岭南画家高剑父为第一人,但似与事实略有出入。从李叔同创作的这幅山水画来看,这完全是一幅既融入西方画法又具日本画风的中国画作品。细细品味,其用笔之雄健、敷色之润泽,无不令人称道,应是他在日期间广泛吸收东、西绘画艺术精华的结晶,在中国近代绘画史上当是一件"承先启后,继往开来"的佳构,是件具有特殊意义和艺术地位的中国画作品。

当然,后来的李叔同没有沿着中国画的创作道路继续发展下去而向世人奉献更多的作品。由于种种原因,在以后的年月里,他担当起近代美术教育先驱者的角色。归国以后,他成了传播西方艺术的第一人。在学校的美术课中,他不遗余力地介绍西方美术发展史和代表性画家,使中国美术家第一次全面系统地了解了世界美术。作为艺术教育家,他在浙江一师授课采用现代教育法,培养了丰子恺、潘天寿、吴梦非等一批负有盛名的美术家。可以说,李叔同的这幅山水画,既是他超人不凡艺术才华的表露,也是他将东西洋画法与中国传统美术融为一体先进艺术理念化为实践的具体体现,时至今日仍然给人以启示。

说到这幅画的归宿,还有一段小插曲。笔者是1月15日晚上见到拍卖图录的,记得此画底价仅为6000元至8000元,按笔者的经济承受能力,只要在拍卖中它的价位不被抬得过高,还是能够将其买下的。但没有想到的是,此次拍卖是天津蓝天与上海信隆联手举办的,拍卖会安排在上海,并且第二天便是拍卖的日子,如此一来,就是从天津乘飞机飞到上海恐怕也赶不上了。当时只有一种可能,等待此画流拍运回天津,再赶往蓝天公司购买。拍卖会结束后,笔者急忙给蓝天拍卖公司打电话,询问此画是否流拍被带回天津,对方告知此画已以一万多元被山东的一位买家购得。

李叔同的画作存世极少。目前所知,出家前他在日本创作的作品仅有炭笔素描《少女》、水彩画《山茶花》《沼津风景》、油画《女》《朝》《花卉》《自画像》等几件。早年在天津所作,仅见《八破图》一件。这些作品大多入藏于博物馆内。此画则是现今所见到的唯一一幅山水画。山东的这位买家独具慧眼,以并不高的价位将其买到手,的确值得庆幸,用藏家们常说的一句话来说:这叫缘分。也许这位买家本就知道这是李叔同的作品,也许他只觉得这幅画好,却直到今天也不晓得它竟出自一代宗师李叔同之手,而且是这位大师留传于世的一件独一无二的中国山水画作品。在此,笔者也向这位朋友表示祝贺,愿他永久珍藏。

李叔同创作《摆渡图》

一幅李叔同所画的《摆渡图》不久前在北京的"中国书画与文房雅玩"拍卖会上赫然出现。此作为镜心,宽29厘米,纵20.5厘米,设色纸本。画的是一白衣男子手握竹篙立在竹排上撑竹排,河对岸翠峦点点,题款为:"迟迟出林翩,未夕复来归。壬子六月写奉幻园谱兄一笑。息。"钤白文印"李"。画的右方和下方有经亨颐题的长跋。据称,此作曾收录于《张人希的艺事与生平》,此后便踪迹全无。

受赠者许幻园

《摆渡图》的收受者"幻园谱兄"即许幻园。许幻园名鏒,生于1876年,卒于1929年。他是上海诗文界领袖人物之一、城南文社的盟主,是李叔同的挚友。世间广为流传的《送别》即是李叔同为送别许幻园而作。1899年,年方20岁的李叔同奉母携妻从天津来到上海。许倾慕李的才华风采,邀其居于他家的城南草堂,命其居室曰

《摆渡图》

"李庐"。当时李叔同和袁希濂、蔡小香、张小楼及许幻园均是城南文社社员,是沪上文坛知名之士。五位才子年岁相近,意气相投,遂结金兰之谊,号称"天涯五友"。因为有这一关系,故而李叔同称许幻园为"谱兄"。"五友"中,李与许的关系尤为密切。许的夫人宋贞曾有《题天涯五友图》诗五首,其中咏李叔同的诗是这样写的:"李也文名大似斗,等身著作脍人口。酒酣诗思涌如泉,直把杜陵呼小友。"

作品的创作年代

李叔同赠予许幻园的这幅画作于二人相识后的第十三年,即1912年,那一年李叔同已33岁。1905年3月,李叔同的母亲王太夫人在上海病逝,李叔同告别许幻园诸友,携眷扶柩,搭轮回津。同年秋,从天津东渡日本留学。1911年春毕业归国,任职于天津直隶高等工业学堂,为图绘教员。转年春天,李叔同离津南下,至上海任教于杨白民主持的城东女校,教授文学和图画音乐。三月间,加入以柳亚子为首的文学社团南社,被聘为《太平洋报》主笔之一。这年秋,应经亨颐等邀请,赴杭州任浙江两级师范学堂图画音乐教员。李叔同画《摆渡图》款题"壬子六月",就是说此画作于1912年春夏之际。在这个时间段里,李在上海见到了许,老友重逢,颇多感慨,于是便有赠画于许的举动。据林子青编著的《弘一法师年谱》载,在同一时间,李还以各体字戏写陶渊明诗一首,赠予许幻园。而图上的款题"迟迟出林翩,未夕复来归"也是陶渊明《咏贫士》里的句子。时隔不久,李叔同便去了杭州。六年后,皈依三宝。李叔同这一画作的面世证实了李在上海的那段人生轨迹,也说明李叔同与上海文友的深情厚谊及此时李在上海文坛的地位和影响。

宝贵的文化艺术价值

李叔同的这一《摆渡图》构图巧妙,清爽、洒脱而简洁,与古法既兼又悖。虽为山水小品,亦可明显看出作者深厚的传统绘画功底,同时也可看出其大胆汲取西方艺术精华的创新意识。李叔同青少年时代受天津画坛的濡染,花卉宗恽派,山水宗娄东派。留日期间,他学习素描写生、水彩水粉、油画等技艺,其绘画在很大程度上受到日本画的影响,注重写实,擅长逸笔,兼容并蓄中透出一种新意。彼时,他设计的报头、版面、栏花、广告、图案等,亦以其新颖独特的风格,开创了中国近代报刊美工的新气象。曾与李叔同共事《太平洋报》的职工王孤芳,在《忆弘一大师》中追忆说:"他关于广告的设计,很有研究。在那时候中国报纸的广告,除了文字之外,没有图案的,只有《太平洋报》的广告,有文字,有图案,都是法师一人所经营的。而且他设计的广告,文字和图案,都很简单明显,很容易引起读者的注意,但是他没有一点市侩气,这是法师平日读书养气功夫很深的缘故。"他的广告画与其当时所作《摆渡图》的那种画风和创意是一致的。此图写意笔法老辣潇洒,浑然天成。清末民初,在"四王"画风依然占据一定优势的情况下,《摆渡图》却一反常规,确是让人耳目一新。从中,我们不仅窥出其远溯马远、夏圭及沈周、石涛的意味,尤可看出其运用现代科学方法,融入西方投影、透视、色彩等形成的绘画技巧,感受到西方水彩画的那种透明与淋漓。只有大师才有这样的手笔。

经亨颐和他的长跋

经亨颐为此图所作长跋曰:

经亨颐

弘一上人俗姓李,名息,字叔同,别字息霜,本天津望族。余曩任浙师范,于民国元年聘上人掌音乐图画,教有特契,艺术之交亦性理之交也。上人性本淡泊,却他处厚聘,乐居杭,一半勾留是西湖,而出家之想亦一半是此也。迨七年秋,毅然入山剃度,身外物尽俾各友。余亦得画一帧,永为纪念。旋余离杭,自此与上人相见遂不易。计自出家忽忽已十四载,其间二次晤于白马湖,上人以此堪长在处,上人为筑晚晴山房于山之麓,余亦居长松下,颜曰长松山房,上人曾纳斋于其中。幻园属题,以永藏弆并志。余与上人之缘如此。二十一年九月,颐渊居士识于沪滨。

钤印"长松主人"。

　　经亨颐(1875—1938)，近代教育家、书画家，字子渊，号石禅，室名长松山房。浙江上虞人，后寓上海。曾留学日本，回国后，任浙江省立两级师范学校校长，后在白马湖畔创办春晖中学。雅好治印，50岁后学画，个性狷介，时露于纸墨间。前面提到，李叔同寓上海时，曾在陈士英创办的《太平洋报》主编画报副刊。后因该报负债停办，经亨颐对李的才华颇为倾倒，即聘其到杭州浙江两级师范学校任美术音乐教员。经的长跋特谈起这一段的交集和对李的印象，同时也提到两人在白马湖的往事。在春晖中学创立之初至1931年间，由于经亨颐、夏丏尊等在俗好友多在春晖中学供职之机缘，皈依佛门后的大师曾数次来到这里，并经友人赞助，在白马湖畔建有他的居处——晚晴山房。"其间二次晤于白马湖"，"余亦居长松山房，上人曾纳斋于其中"，更可知经亨颐"与上人之缘"。

天涯五友图(1900年摄于上海)
(左起：李叔同、张小楼、蔡小香、袁希濂、许幻园)

长跋还提及李叔同出家前夕将一切书籍字画等分赠诸友及学生之事。其历年所作美术作品，送给了北京国立美术专科学校；所刻所藏印章，送给了西泠印社，后由该社封存于石壁之中，名曰"印藏"；笔砚碑帖，送给了金石书画家周承德；所作和所藏字幅，包括题名《前尘影事》的卷轴，以及折扇、金表等，送给了夏丏尊。这些在姜丹书、夏丏尊、范古农、刘质平等人的回忆文章中均有所提及。长跋特别提道："身外物尽俾各友。余亦得画一帧，永为纪念。"这是在其他文章所未见的。由此亦可知大师在俗时的美术作品绝非目前人们所知的那几件。

跋语是应《摆渡图》的持有者许幻园之邀而题写的，那已是1932年，距李叔同赠此图已整整二十年。那时的李叔同风华正茂，许幻园踌躇满志。而此间李叔同"自出家忽忽已十四载"。据载，1927年10月，大师在上海江湾丰子恺家小住，当年"天涯五友"中的三友袁希濂、张小楼、许幻园（蔡小香已去世）相约前来看望。四位友人在过去写影过"天涯五友"的照相馆重摄一影。大师为《天涯四友写影》作

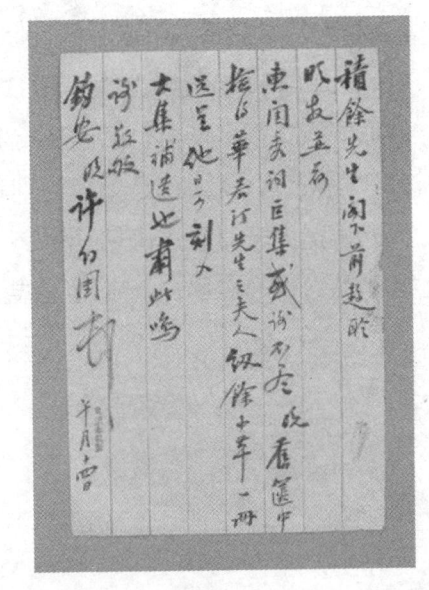

许幻园书札

题记，其中写道："袁子年五十四，张子年五十一，许子五十，余四十八。"有资料说许幻园在这次江湾聚会不久命归道山，然而从经的跋语透露出的信息，许在江湾聚会的五年后依然健在，不然他怎么会请经亨颐为《摆渡图》作跋呢？只不过那时许幻园的家早已破落，人也颓败了。

李家"本天津望族"

尤其值得关注的是,跋语涉及李叔同的家族籍贯问题。其曰:"弘一上人俗姓李,名息,字叔同,别字息霜,本天津望族。"无一字讲其他地方。经亨颐与李叔同多年接触,凭他对李叔同的了解,他对李叔同里籍的认知断然不会有误。况且他本人又是浙江人,更不可能将一个浙江籍的朋友说成"本天津望族"。其他亲近李叔同的人,在回忆录中也都持此一说。如丰子恺《法味》说:"他家在天津。"袁希濂《余与大师之关系》:"(李叔同)世为天津盐商。"早年多次聆听弘一讲经、教诲的陈珍珍老人曾对我说:"大师是天津人,说的是天津话。"李叔同本人在很多场合也说他是天津人。在落款中,其籍贯也落有"章武""燕人"等(其实都是天津的别称)。跋语中的这句话更证实李叔同乃地道的天津人。确切地说:大师在俗世系,祖籍传为浙江平湖,其祖辈数代早已落户天津,经营盐业和钱粮业。

文字之相　本不可得

——为李麟玺存玺印题句

"文字之相，本不可得。以分别心，云何测度。若风画空，无有能所。如是了知，斯谓智者。"这是李叔同为其侄李麟玺存玺印的题句。

李麟玺（1895—1945），字晋章，又单名矫。他在天津南开中学读书时曾参加南开新剧团活动，和周恩来等一同演过话剧。一生主要供职于天津银行界，喜书画篆刻及养鸽养花，自起禅号雄河居士。

李麟玺是李叔同的二哥李

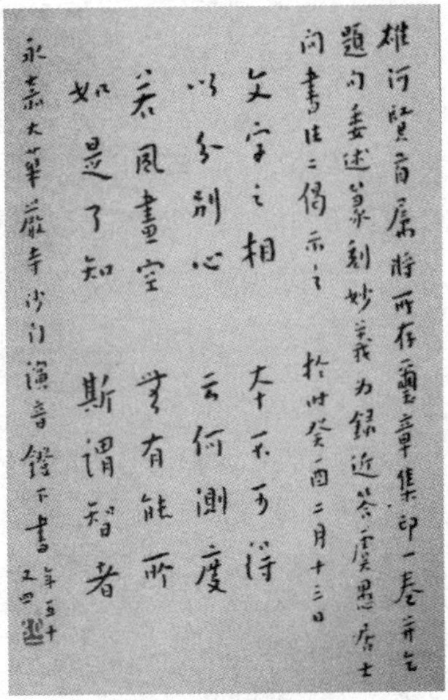

为李麟玺存玺印题句

文熙的次子,李麟玉的弟弟。他是李叔同晚年联系最多的晚辈。从弘一大师书信集中可以找到六封写给他的信,分别是让他代为购物、寻物、转信和代刻图章等,时间是在1932年阴历五月至1933年阴历三月之间。

李麟玺对李叔同交办的事一向尽心尽力,且总是盼望李叔同能回津与家人相聚。1927年阴历八月,得知三叔有返津之意。"麟玺闻而雀跃",表示"愿筹此款"。但因齐燮元和卢永祥的江浙战事爆发,交通中断,李叔同终未能回津。

李麟玺还特别精心收集李叔同用过的器物和手迹。他收藏有李叔同早年画的一个扇面,据说是在小摊上购得的。李叔同送给他的在南方定烧的带有"叔同"二字的白瓷茶杯等,他都珍藏在一个樟木箱内。

1942年,63岁的弘一大师在泉州圆寂,李麟玺收到妙莲法师寄来的讣告和大师圆寂的照片,将这一噩耗转告在津亲友,并作挽联曰:"香火有因缘,劫来教诲亲承,居诸不过年余耳;音书久迟滞,闻道悲欣交集,想象真堪痛绝乎。"

像叔父一样,李麟玺也酷爱金石书画,有余暇时,就在李家大院的意园和洋书房里摆弄这种玩意儿。他自己治印,还收藏许多古代玺印。民国时的《河北博物院院刊》和《语美画刊》曾连续刊出他的藏品。通过弘一来信也可看出,大师曾几次请这位俗侄刻印,并在收到印石后,复信称其"篆刻甚佳"。据说大师出家后所用的印章,有的就出自麟玺之手。弘一还请李麟玺在天津寻觅一本石印小楷书《昨非录》,称"其文字皆佳言懿行,颇可流传"。如此等等。

为李麟玺所存玺印题句写于1933年,题句前有一段小记,曰:"雄河贤首属将所存玺章集印一卷并乞题句,委述篆刻妙义,为录近答虞愚居士问书法二偈示之。于时癸酉二月十三日。"落款:"永嘉大华严寺沙门演音灯下书,年五十又四。"看来这题句录的是大师答虞愚问书法的两条偈语，名为《题竹园居士幼年书法》。虞愚（1909—1989），字竹园，佛学家、书法家，著有《因明学》《中国名学》《印度逻辑》《书法心理》等。大师于1934年还曾作《题虞愚佛家心理学》："竹园居士著《佛家心理学》，为题二偈，以志赞喜：白香山诗，老妪能解，斯文亦尔，善导蒙骏。南欧北韩，盛誉驰传，复有竹园，若鼎足三。"

弘一将《题竹园居士幼年书法》再次书写给麟玺，足见他对这两条偈语的看重。大师深谙佛法，时常用佛法来观照艺术。佛学非常重视境界对人生、人心的潜移默化。艺术就是要创造一种艺术境界。犹如大师用"凉风""明月""澄潭碧水"创造出"无上清凉"的境界一样。这是一种只能意会的"意境"，一种只能心领神会的"心境"，不是看得见、摸得着的。大师的题词对艺术形质的关系，特别是"意境"的本质，以超然的理念做了深刻的诠释。

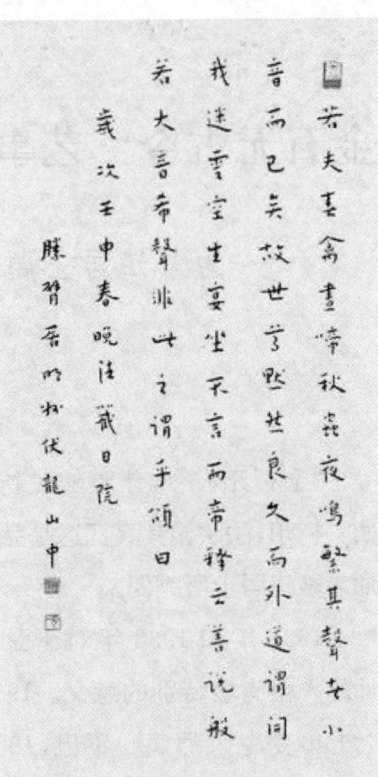

弘一大师书于伏龙山中

金石无古今　艺事随时新

——为芗江居士题偈

"金石无古今,艺事随时新。如如实相印,法法显其真。"这是弘一大师为芗江居士所题偈。

1937年和1938年对于弘一大师的人生有着特别的意义。1937年七七事变令大师痛心不已,1938年是大师披剃二十周年。这两年,除了对于民族危亡的关注外,大师还特别对中国传统文化、艺术和学术给予了更大的关注。他先后以题偈、书简及作序等形式,不断阐述他的艺术思想和文艺观点。据大师自己讲,1938年那年"住泉州不满两月,写字近千

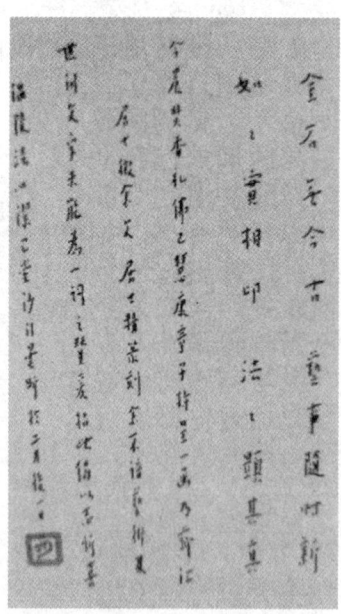

弘一大师为芗江居士题偈

件，每日可写四十件上下"（《致李芳远书》）。书件的内容不仅涉及念佛、救国，也涉及艺术发展的规律、人与艺术的关系、艺术与佛法的关系，涉及艺术的创新、标准、趣味等问题。

作为一代高僧，弘一深谙佛法，他常用佛法观照艺术，认为最上乘的艺术，在于从学佛中得来，要从佛法中研究出来，才能达到上乘的地步，即佛法和艺术之间有诸多相通相连之处。1937年大师在厦门期间，有一件小事很能看出他的这种理念。

弘一大师在厦门南普陀寺的时候，虽然一向深居简出，埋名遁迹，习惯于闭门自守，静修念佛，但有时也喜欢外出散步，看看浮生世相、民间疾苦，参证释氏四谛。到市区路途较远，有时也以人力车代步。因为他总是衲衣芒鞋，好像一个平平常常的行脚僧人，谁也认不出他就是艺术界的老前辈、当代律宗的高僧。

春节过后不久，大师外出回寺，对寄住在南普陀寺的学生高文显说："我在街上一户居民的门上，看到这样一副对联：'一斗夜来陪汉史，千春朝起展莱衣。'不知是古诗句或是自己撰的，幽香沉着。我在闽南八年，罕见如此佳联。书法也神似苏东坡，当是高士手笔。"又说："此联足以与南普陀天王殿前石柱上那副'分派洛迦开法宇，隔江太武拱山门'对联相媲美。"大师吩咐高文显抽空去看一看，能否探询到那位撰联的是何人。说着就在纸上清清楚楚地绘出路线图。隔日薄暮，高文显冒着微雨，依照大师所绘地图往访。原来那是一位潮州老妪所居，据说对联是在春联摊上买来的。除夕后，联摊已撤，不知道书写的人及其住处。文显回寺禀告，大师不胜怅惘。

1938年农历二月，大师为芗江居士的题偈，恰恰涉及艺术内涵与本质。题偈四句，其后有一段题记曰："今晨焚香礼佛已，慧康童子持呈一函，乃芗江居士征余文。居士精篆刻，余不谙艺术及世间文字，未能为一词之赞，爰拈此偈，以志忻喜。"落款："温陵清心洁己堂，沙门昙昕于二月后一日。"对于大师的这一偈语，天津市李叔同——

弘一大师研究会理事、资深编辑车永仁先生做过深入地分析。

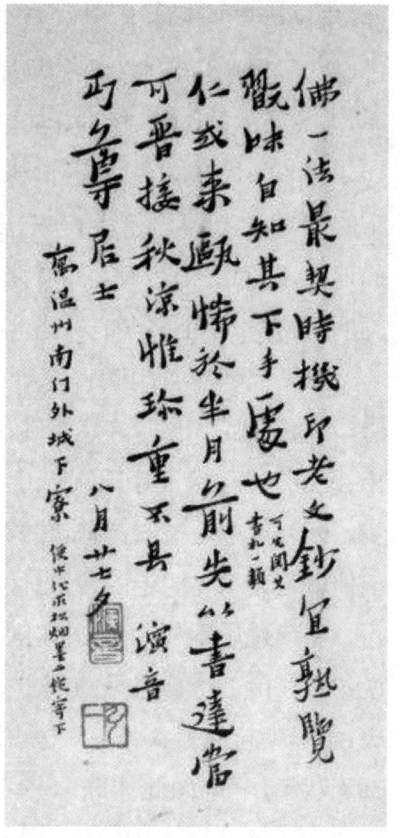

弘一大师书于温州

大师首先从时空和佛理两个方面观照"金石""艺事"，说明艺事的"随时新"，是"无今古"区别的。又用"如如"这个佛学概念进一步阐发"随时新"是"真如""实相"，是艺术发展真实不虚的客观规律，又是宇宙存在的永恒真理，既简明又扼要。"如如"，又同时包括"人法两空""无我"的含义。大师在此引用意味深长，似乎暗示着一种献身精神，为艺术的发展而"人法两空""无我"。艺术是艺术家的生命，而艺术的生命就在于创新，就在于"随时新"地发展。为此，艺术家可以不惜所有，以最大的勇气和胆识走前人没有走过的路，创造前人没有的艺术。

"艺事随时新"包含时新、敢新和能新的意思。大师的"随时"用词，又似乎对艺术家的人格修养提出了要求。"随时"就要求入世，就要心系天下，关爱人生。人与艺术的关系，人品是第一位的。脱离"时"的人，脱离"新"的艺，艺术还有存在的价值吗？

兼学诸家　秦汉尤所长

——书赠毛善力八言联

"履净法界获胜善根,说甚深法升无上堂。"这是1932年在浙江慈溪伏龙寺,弘一大师为毛善力书写的八言联,上有跋语,曰:"数载未闻慈根居士消息,今获来书,欣跃无已,检旧写华严句经文。"落款:"岁在壬申大暑,一音,时年五十三,居箬峰。""数载"应是指毛善力参加北伐军之时,估计彼时军务较忙,他们中断了通讯会晤。浙江慈溪县旧属镇海县,县东31千米有伏龙山,一名箬山,亦名箬峰。

1924年弘一大师在衢州与毛善力等合影

毛善力，浙江江山人。原名世根，弘一大师为其取名慈根。毛善力拜识弘一大师，时间是在1923年，地点在浙江衢州。那年他21岁，在浙江省立衢州第八师范学校任教。适值弘一大师逗留学校隔壁的祥符寺。说来也巧，大师在持斋时，喜以豆沙饼佐食，当看到饼的包装纸上写有秀丽的字，遂问店主是谁人所写。店主答说"八师毛世根"。大师遂写便条约会毛善根。二人交谈达三小时，大师赞扬他的才华，收他为书法金石篆刻弟子，对他另眼看待，特别器重。

毛善力学写大师的书法有时几乎乱真。1939年，有一天，他拜访大师，赶到永春蓬壶，已是万家灯火。有个和尚看到名片上写着"毛慈根"三字，满面笑容地将他从头到脚仔仔细细打量了一番后说："噢！你就是慈根居士呀！"又说："你写给大师的信收到了。大师看到你信封上写的字，误以为他写给夏丏尊先生的信给退回来了。仔细一看，原来是慈根居士的来信。大师也发笑了。"后来才问知这位和尚是性常法师。第二天上午毛拜访时，大师

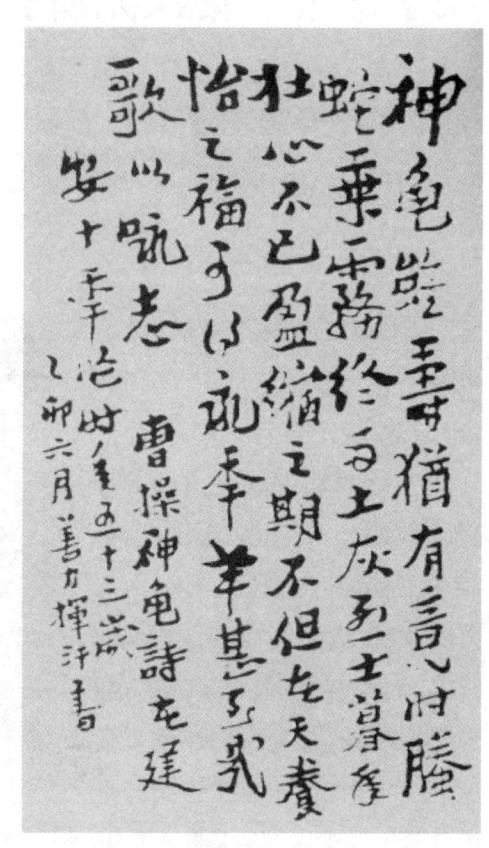

毛善力书法

显得特别高兴，竟将他早年在日本上野美术学校因学习成绩优秀而

获奖的纪念品——一个插花瓷瓶双手捧授给毛慈根。

弘一大师曾为毛善力的《善力印稿》撰写弁言："数载不晤慈根居士,顷以印稿寄示,知其致力于学甚勤,印法兼学诸家,而于秦汉尤所长耳。为题弁言,聊志欢忭。丙子二月,大病初起,沙门一音书。"钤"辟"字印章。丙子系1936年。此时大师当在泉州草庵,毛善力在福州任事。大师还为《印稿》书写封面题签："善力印稿,丙子一音题。"《善力印稿》中录有毛善力为大师代刻石章印模七枚,即"弘一"（朱文）、"演音"（朱文）、"胜解"（朱文）、"吉目"（白文）、"大明"（白文）、"亡言"（白文）、"音"（白文）。

毛善力家的住房是古建筑的合面三间,中间隔一小天井,上下两个小中堂拟各制一块古朴典雅又具有家训格言的堂匾。毛善力早就禀请大师为其取名书写。1940年春,他特地又赶到永春蓬壶,专程拜访大师要求题字。会见时他帮助磨墨,大师当场写了堂匾两幅："智忍堂""有恒堂"。大师写后说："智者仁之本,忍者戒之义,持恒者福也。""智忍堂"上款"庚辰春正月",下款"沙门一音"。因篇幅较大,大师用笔画上"音"圆形章。"有恒堂"款识为："仪征阮元旧题,释一音重书。"亦用笔画"音"圆形章。

书画风度每随时代而变易

——为张人希家藏书画所题跋语

弘一大师曾为张人希家藏清代名家书画册题写跋语:"书画风度每随时代而变易。是为清季人作,循规蹈矩,犹存先正典型,可宝也。壬午秋,亡言。时年六十有三。"大师圆寂的时间是1942年10月13日,这跋语的题写时间是"壬午秋"即1942年秋,可知这是弘一大师临终前不久为张人希题写的。

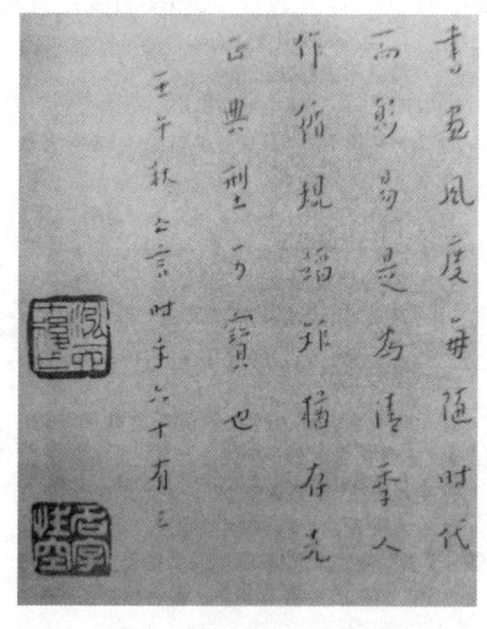

为张人希家藏书画题跋语

张人希是福建著名的画家。他与丰子恺、黄永玉、叶圣陶、俞平伯等名流过从甚密,且在早年与弘一大师有过一段可诵的因缘。

张人希初与弘一大师交往,缘于一方印章。据张人希说,当年弘一大师驻锡泉州百源村铜佛寺时,无意中在住持觉元法师处见到一方刀法颇有功力的圆章,

张人希

便打听治印者为何人。原来此印竟是一位青年所刻,他的名字叫张人希。弘一大师爱才,即向觉元法师表示:"有空请他来见见我!"

其时张人希才二十出头,对弘一大师的人品、艺品却早已闻知,一直都想见见大师的庐山真面目。不料如今大师主动提出会面,真可谓求之不得。不久,张人希就应觉元法师之请,带着几位朋友一同前往拜访弘一大师。交谈中,弘一大师给了张人希一个"胜是"的号,据说这缘于《金刚经》的头四个字"如是我闻"。张人希后来回忆说:"他随和、慈爱,和他亲近,真是诗意盎然。"当时,大师还赠他一部亲手书写的《金刚经》。临别时,又送张人希一幅字,写的是唐人韩偓的一首七言绝句。

从此,张人希就与弘一大师有了来往,感情也日益深厚。大师经常有诗赠予张人希,还把致友人的书信托他保管。有一次张人希去见弘一大师,大师对他说:"我有两封信,你替我保存。"其中一封是弘一大师自己写给马冬涵先生的,寄出后不知何故竟被退回来。于是弘一大师就请张人希保管。另一封则是丰子恺写给弘一大师的亲笔信。1948年,丰子恺与张人希在厦门见面时还特意为此信写了一则跋语让他留念。跋曰:"此十一年前避寇广西时上弘一大师书,大师阅后以贻人希。胜利后三年,余游闽南,大师已往极乐,人希先生来晤,以示此书。余阅后冥想前尘,欣慨交心,遂为加题,藉留遗念。"

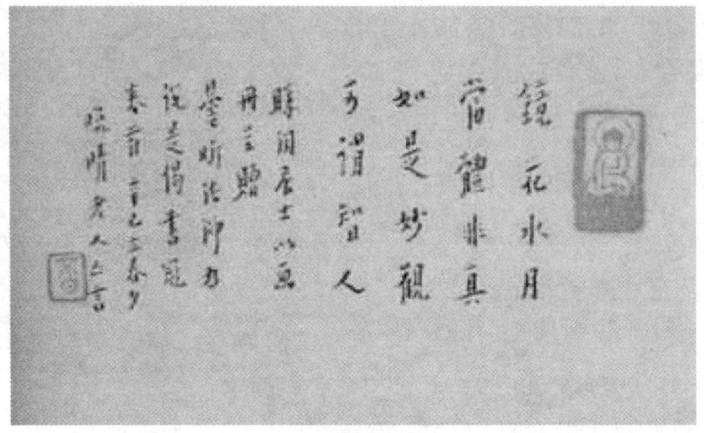

弘一大师题偈

弘一大师圆寂后,张人希与其友人吴紫虹联名写一副挽联:"瞻玉相,赠金经,一瓣心香常塌地;为文人,成佛子,万缘念净永生天。"

张人希出身书画世家,家藏清人真迹。人希持其家藏清人册页请大师题跋,跋文中即有"书画风度每随时代而变易"

张人希绘画

之语。此语与石涛"笔墨当随时代"一脉相承。与石涛语不同的是,弘一的话除了包涵"艺术当随时代而变革"意思之外,也道出了"书画的风貌是有时代特征的"这一规律。这既是艺术创作所要遵循的,也是艺术鉴赏所应把握的。

求神似　言笔法

——《中西画法之比较》之所言

2006年11月28日，李叔同在浙江省立第一师范学校任教时的学生王绍炎之子王蔚长先生访问杭州师范大学弘一大师·丰子恺研究中心，并出示了李叔同1918年出家后送给王绍炎的一件国画作品《泰山巅之秦松》。此画作于1917年，落款"丁巳仲冬既望，韦平女士"，钤朱文印"韦平"。这幅作品的原作者为胡韦平女士。此画由李叔同收藏。李出家时将之连同许多艺术书籍一并赠予王绍炎。李叔同在画的左下方题字曰："戊午仲夏贻绍炎居士。演音。"

据称，此画作者胡韦平是何香凝的朋友，后同为寒之友社成员。郑逸梅《南社丛谈》称，李叔同的好友胡朴安之女叫胡漳平。有人根据《南汛》第16期载《〈南香画语〉与〈南香诗钞〉——记南社女画家胡漳平》等所记，推测李叔同收藏并转赠王绍炎的《泰山巅之秦松》可能正是其好友胡朴安女儿胡漳平即胡韦平的作品。

《泰山巅之秦松》是一幅极具中国传统味道的国画作品。李叔同珍惜它并将其赠送学生,这说明,具有开放包容胸怀的一代艺术大师李叔同,虽然重视从西画中汲取艺术营养,但他并不因此看轻中国自己的绘画,对于遵循优秀传统的艺术作品,他非但不排斥,而且大加推崇。

　　李叔同自幼喜好中国绘画。从种种迹象上看,早年的李叔同,与绘画功底深厚的天津画家张兆祥、马家桐、李采蘩、徐子明、李澂浠、李曈浠等均有往还。他在中国传统绘画上是下过"童子功"的。如今,流传于世的早年李叔同绘画已为数寥寥。仅存的《八破扇面》,上画旧书、旧报、旧信纸等八破旧品,署款"乙未俶同摹于意园",确为李叔同1895年虚岁16时所画,明显有当时张兆祥、马家桐等津派画风的影子。八破扇源于八破图。八破图又称锦灰堆、集破图、碎锦图。这是一种以各种破碎字画、碑帖、书籍和报刊为题材的绘画,以"碎碎"谐音"岁岁",从而引申出长久持续吉祥的意义。笔者最早见到李叔同的这一作品是在张牧石先生家。那天李家的管家徐耀庭的孙子徐广中将其带到牧石先生那里,笔者正在场。其画面简单,但清丽典雅,极富金石趣味,仍可见其传统功力,亦可见李叔同对中国传统艺术的深爱至极。后来这件"八破"作品被收入了天津博物馆。

　　李叔同对中国画很有研究,而且有深刻的领悟。他在日本留学研习西画期间,曾写过一篇题为"中西画法之比较"的文章。其中特别说道:"西人之画,以照像片为蓝本,专求形似。中国画

李叔同在日本东京所作木炭画少女像(约1907年)

以作字为先河,但取神似,而兼言笔法。尝见宋画真迹,无不精妙绝伦。置之西人美术馆,亦应居上乘之列。"由此可见他并未因自己学习西洋画而贬低中国画的价值,且一直对中国画持积极肯定的态度。

李叔同出家前倡导中国书画艺术和创作国画作品亦有文献记载。1900 年,李叔同等集合一批有志于振兴文艺的书画家,组织海上书画公会,创办了会报《书画公会报》,并任副经理。王孤芳在《忆弘一法师》中则提到了李叔同在《太平洋报》任职时的国画作品:"画报的内容既不是点石斋的新闻画,也不是沈伯尘的百美图,更不是钱病鹤、马星驰一流的讽刺画,它是一幅立轴,或一方册页,或一副对联,大半是法师的手笔——书法和花鸟。法师那时候的书法,近似郑文公碑而更雄健,花鸟亦如他的书法,雄健道劲,寥寥数笔,别有风致。"

"但取神似,而兼言笔法",是李叔同对中国画的概括和解读。潘天寿是李叔同在浙江省立第一师范学校时的学生,后来成了闻名海内外的大画家。他的作品沉雄、苍古、高华,渗透着浓重的时代精神。他正是在学习和继承中国画传统的基础上而崛起的。他上承宋人马远、夏圭的雄健峻拔,汲取明人戴进的豪放、沈周的沉稳和清人石涛、八大山人的奇崛冷逸,尤其受到朱耷的影响。他是李叔同"神

潘天寿的作品

似"与"笔法"的实践者。刘海粟说潘天寿跟李叔同练《祀三公山碑》，运笔遒劲庄凝，为他后来的书画艺术成就打下了牢固的基础。诚如陈星先生所言："作为李叔同在浙江省立第一师范学校时的学生，潘天寿无论在品行方面，还是艺术方面，都受到李叔同的影响。"

当下，违背传统、否定"中国画以作字为先河"的论调，仍然是中国画发展进取的"大敌"。今天，我们重温李叔同有关中国绘画传统的论述，更加感到一代艺术大师的高明和睿智。

一在应用　一在高尚

——《艺术谈》里的精辟见解

　　《艺术谈》是近代新文化运动的先驱之一李叔同专门阐述艺术的一部划时代的著作。这部著作分为三部分，共计30篇文章。《艺术谈（一）》有16篇，刊载于1910年4月上海城东女学校刊《女学生》第一期。此时正是李叔同留日归国的前夕。《艺术谈（二）》有2篇文章，《艺术谈（三）》有12篇文章，分别刊于1911年4月《女学生》第二期和1911年7月《女学生》第三期。这期间，李叔同正在天津直隶高等工业学堂从事美术教育。《艺术谈》言简意赅，却囊括美术理论、艺术教育、中西绘画、工艺美术等诸多方面的内容。它所体现的艺术观及工艺美学思想，不仅对近代美术教育具有开拓性意义，也为近代传统工艺美术的发展指明了道路。

　　李叔同对艺术有独到的见解。他认为，科学与艺术是相辅相成的，凡艺术发达的国家，皆因为科学发达。其在《科学与美术之关系》中说："艺术一部，乃表现人类性灵意识之活泼，照对科学而进行者也。"《美术、工艺之界说》一文,对美术与工艺的关系进行了界定。他说:"美术者,工艺智识所变幻,妙思所结构,而能令人起一种之美感者也。工艺则注意于实科而已。"同时又指出,工艺在满足实用性的同时,还要在审美性上有所提高,这就必须要以画图为基础。他认为:"惟图画之注意,一在应用,一在高尚。"在美术学校的雕刻、金工铸造等学科中,仍然要注意图画教学。

1909年李叔同留日时所作油画《花卉》,为后期印象派作品

关于美术教育,李叔同在《图画与教育之关系及其方法》一文中指出:

> 各科学非图画不明,故教育家宜通图画。学图画尤当知其种种之方法。如画人体,当知其筋骨构造之理,则解剖学不可不研究。如画房屋与器具,当知其远近距离之理,则远近法不可不研究。又,图画与太阳有最切之关系,太阳光线有七色,图画之用色即从此七色而生,故光学不可不研究。此外又有美术史、风俗史、考古学等,宜亦知其大略。

他将图画分为随意画、临画、写生画、速写画、记忆画、默写画、图案画、自由画、补笔画、订正画、透写画、改作画共 12 类,并一一加以说明。如"随意画者,初等小学第一学年用。无论圆方形,随己意也","补笔画者,教师画一物,有意少画几笔,使学生补之",等等。

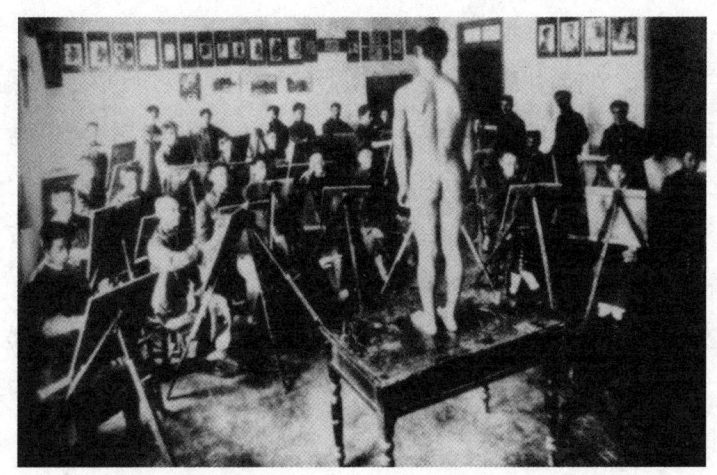

1914 年李叔同在浙江省立第一师范学校上人体写生课
(后排右二站立者为李叔同)

《艺术谈》中有几篇画论,颇为精辟。《中西画法之比较》一文中说:"西人之画,以照像片为蓝本,专求形似。中国画以作字为先河,但取神似,而兼言笔法。尝见宋画真迹,无不精美绝伦。置之西人美术馆,亦应居上乘之列。"又称:"盖凡学中画而能佳者,皆善书之人。"文中还对中国画的散点透视法做了深入的阐释:"惟当其作画之点,必删除目前一段境界,专写远景耳;西画则不同,但将目之所见者,无论远近,一齐画出,聊代一幅风景照片而已。故无作长卷者。余尝戏谓,看手卷画,犹之走马看山。此种画法,为吾国所独具之长,不得以不合画理斥之。"《图画之目的》一文说:"图画最能感动人之性情。"李叔同认为,图画也有美丑之分,只有那些美的、健康的图画,才能对人的情感、人格和审美观的提升起到潜移默化的促进作用。所谓"于不识不知间,引导人之性格入于高尚优美之境"。百年过去,这些观点依然历久弥新,闪烁着智慧的光芒。

在《艺术谈》中,有关工艺美术的论述占有相当大的比例。其中《艺术谈(三)》就有7篇文章专讲传统工艺美术项目,包括羽造花、丁香编物、通花剪花、木嵌画、冻石画、铁画、麦秆画,并对其制作方法一一做了阐释。如通花剪花,"绘水彩画于大通草上,则通草经受湿处,花纹自然突起,依样剪下,粘贴于鸟绒之上";麦秆画,"用麦柴劈为细丝,先用胶水画工细人物于绢上,将麦丝按图细腻匀贴,丝毫无误"。据林子青《弘一法师年谱》:1910年三月,李叔同毕业于日本东京美术学校归国至天津,任直隶高等工业学堂图画教员。经笔者考证,李叔同在该学堂主要是教授意匠图绘。意匠图绘学是实用性很强的工艺美术学科。以上文章发表于这一年的七月,看来文章内容与李在天津的执教生涯有直接关联,抑或就是其教案的摘录和汇集。加强文化遗产保护、振兴传统工艺,是我们面临的一项重要任务。面对一些传统工艺濒临失传与断绝的危机,重读李叔同的这些文章,不禁令人感慨。

曾延年赠李叔同《秋花图》

笔者珍藏一幅曾延年所绘《秋花图》。画面上,淡红色的山茶花、蓝色的牵牛花配以浅绿色的花叶,显得格外清丽淡雅。画的落款为:"息霜性嗜秋华,特奉此以将意。丙午深秋,延年。"此画构图简洁,尺幅也不是很大,但它却是一件非同寻常的艺术品。

曾延年赠李叔同《秋花图》

这幅画的收受者"息霜"实为中国近代新文化运动的先驱者、一代宗师李叔同,即后来的弘一大师。画的作者曾延年在中国近代文化艺术史上同样是可圈可点。他们二人同样爱美术,同样爱戏剧,先是在日本，后是在上海，前后同学、共事达数年之久。此画恰恰见证了这两位文化艺术大师的非凡经历和它们之间的特殊关系。

　　李、曾二人均为中国话剧的创始人。"曾延年，字孝谷，号存吴，成都人，除爱好戏剧外，兼喜诗文字画。他身量较矮，双目无神，谈起话来，滑稽幽默，诙谐自如……他居住北京多年，能唱二黄，旧剧看得很多。"（陈丁沙《春柳社史记》）1906年，李叔同在日本考入东京美术学校。此时，曾延年也进入该校。由于共同的爱好，李与曾在日本共同发起创立了春柳社。1907年中国春节前后，春柳社演出了《茶花女》。这是该社首次公演。李叔同和曾延年是此次演出的主要人物。李饰女主角玛格丽特，曾饰男主角杜瓦。春柳社是中国第一个话剧团体，《茶花女》的演出是中国话剧的第一次正式演出，实乃中国话剧的源头，李、曾二人遂被称为"春柳双星"。

　　李叔同从日本回国后先是到天津，后去上海。曾延年也到了上海。二人又同在上海《太平洋报》任职，他们密切合作，把《太平洋报》的画刊专栏和美术广告办得有声有色。据称，在文美会的一次雅集中，李叔同有书法作品展示，曾延年则展示了其花卉团扇。在传观的《文美》杂志中，有李叔同《李氏印谱序》和曾延年《与某记者论西洋画书》二文及李叔同美术作品《盼》、曾延年美术作品《马》等。此次活动还有一个内容，即艺术品交换。曾延年所得，竟是李叔同的书法。1912年由李叔同介绍，曾延年还加入了南社。这一对黄金搭档的友好合作一直到他们在上海分手——李叔同去杭州教学，而曾延年回到了成都老家（直至1936年去世）。其间，二人除偶尔有过信件往来，再无见面机会。1919年，曾听说李已遁入佛门，写了一首思念老友的诗："自号人间孔雀王，腹中蝌蚪郁奇光。曼殊西去春禅老，幸有诗僧接道场。"

　　曾延年赠给李叔同画作所题"丙午深秋"正是1906年的秋天，二人同入东京美术学校之后，共同演出话剧《茶花女》之前。当时他们仍是同班同学,都学习美术。画中真切反映出曾延年此时的绘画功底和艺术追求,可以得知李叔同早年喜爱秋花,更可看出李、曾二人的亲密无间——在寥寥无几的留日学生中,真可以说是"难兄难弟"了。

值得一提的是,1906年夏天,曾延年回国度假(当在曾延年给李叔同画这幅《秋花图》之前),李叔同寄给曾延年一张明信片,背面画的是12个人物面相,作喜怒哀乐各种表情,仔细一看,每个面相中都含有一个"曾"字,题为"存吴氏之面相种种"。这是李叔同画的一幅漫画,本是与曾延年开的一个小小的玩笑,但从中更可见两人关系非同一般。有人考证认为,这是中国近代最早的一幅漫画。

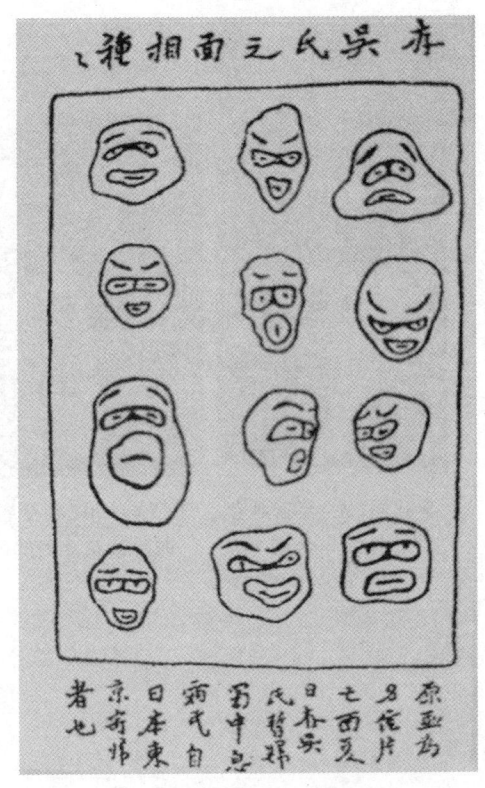

1909年,李叔同所作漫画《存吴氏之面相种种》

曾延年的这幅《秋花图》,长33厘米,宽32厘米,设色绢本,原装老裱,品相甚佳。因保存时间较长,画上尚有一股旧时箱箧里特有的香樟气味。笔者判断,这幅画极有可能是李叔同留学返国时,从日本带回天津的;1912年春李叔同去上海,画作便留在了天津家中,多年后辗转流散,最终为笔者所收藏。在中国话剧史上,曾延年是位不会被遗忘的人物,但在中国美术史上,他的名字就相对陌生了。这其中的原因,除了曾延年从日本回国后很少从事美术活动外,很难见其作品恐怕是更主要的了。曾延年为李叔同所绘《秋花图》,不但对研究曾延年的美术创作具有积极的意义,而且对认识李、曾二人之间的深厚情缘具有特殊的价值。

李叔同（左）与曾延年1907年合影

李叔同1907年在春柳社饰演茶花女时的剧照

李叔同票演京剧扮演黄天霸的剧照

白民属题　为说此偈

——突现弘一诗札

　　2020年春夏之交，笔者应约为天津社会科学院鉴别旧藏信札，在数十通他人写给王仁安的信函中居然发现了一件李叔同写给王仁安的诗札，令人兴奋不已。诗札长25厘米，纵17厘米。其全文是："君无蔬笋气，我嗜蔬笋味。休笑著尘相，相依自证具。唯味即唯心，不一亦不异。味外觅真心，益识中道义。嘉疏美笋，自家现成，怎么荐取领会去。"题：

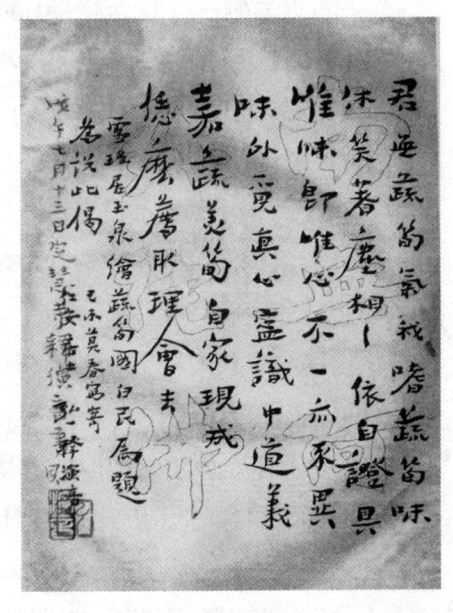

弘一诗札

"雪瑶居玉泉,绘《蔬笋图》,白民属题,为说此偈。己未暮春写寄仁安居士,弘一释演音。"钤"演音"竖白文印。此偈写在弘一前一年定制的木版水印的信笺上,隐约可见有弘一手书双钩"南无阿弥陀佛"大字及小字"戊午七月十三日定慧寺释演音书赠"和朱文"弘一"印。

杨白民、杨雪瑶及《蔬笋图》

按款题所言,该诗札是弘一寄赠给王仁安先生的,其所写所录乃是应杨白民之请为雪瑶所绘《蔬笋图》所题的偈语。

既然是"白民属(嘱)题",我们就有必要说说杨白民这个人。杨白民(1874—1924)是近代艺术教育家,初名士照,后以字行。先世居枫泾镇,其父经商。杨白民很早就对教育事业情有独钟,认为中国近代之所以衰败,就是因为教育落后。1902年,他自费赴日本考察教育,次年回到上海,在自己的家里辟出一地充作学校,自任校长。这所学校,就是后来颇有名气的城东女学。该校是继1898年经元善创办经正女学堂,1902年蔡元培等人创办上海爱国女学和吴馨创办务本女塾后,又一所由中国人自办的上海女子学校。杨白民一生崇尚艺术,并进行积极探索,于校中特开设国画专修科,聘有吴梦非、李叔同、黄炎培、萧退闇、张聿光等名师教授素描、木炭、石膏、静物水彩、油画写生、图案画等课程。

杨白民与李叔同相交莫逆。李叔同刚从天津迁到上海居住的时候,就结识了杨白民。1905年10月,李叔同赴日留学期间曾致信杨白民,向其介绍天津的教育事业,并协助他来天津考察学务。杨白民在自己的学校里办有游艺会,有时还出版游艺会的会报等资料。他经常把这些材料寄给远在日本的李叔同。李叔同在回信中大加赞许。李叔同也将自己的作品寄给城东女学的游艺会,参加艺术作品展览。1911年,李叔同从东京美术学校毕业后回国。一年后,李叔

杨白民夫人詹练一与六个女儿
(左起：雪瑶、雪琼、詹练一、雪仇、雪玖、雪珍、雪子)（余大风提供）

同由天津再次赴上海，应杨白民之请，一边在《太平洋报》做编辑，一边在城东女学教授国文。在此之前，李叔同就已为城东女学的校刊设计了封面，并把自己的一篇谈艺术的文章寄交杨白民在校刊上刊登。

李叔同也经常在《太平洋报》上报道城东女学的消息，短短四个多月，就发表了有关城东女学的消息22篇。其报纸出版第一天就刊有《城东女学制作品》，称："南市竹弄城东女学，杨白民先生竭力创办。其学科成绩卓著，占上海女学第一位置。即所作各种美术品，亦精妙古雅，冠绝侪辈。如刺绣之琴联、屏条等，尤为学界同人所称许。又，城东女学讲习会会员诸女士工书法者极多，所书之对联、匾额等，悬列四壁，每为专家所赞赏云。"

李叔同为城东女学设计的招生广告

李叔同为城东女学校办工厂设计的广告

　　李叔同对城东女学的影响是很深的。就是在他出家的那一年，城东女学游艺会上的演出仍留下了他的影子。1918年7月18日《民国日报》刊出的《城东女学音乐会》是这样写的："南市竹弄城东女学于阴历本月二十七、八、九三日开音乐会。兹探悉，内有演奏乐器，如西洋音乐大家比独文、哈特、克莱孟脱等所著之《沙那梯尔》《沙那太》《罗思毒》等名曲，均经音乐家李叔同先生选世界名曲，编撰歌词，并有胡朴安先生编歌、刘质平先生制谱。末演惨剧《亡国恨》，中述朝鲜亡国痛苦，文言歌词，慷慨激昂，纯以乐歌为主云。"李叔同与杨白民有如此深厚的感情，所以李叔同出家后，其日本籍妻子找到杨白民，并要求一起到杭州找李叔同，也就是很自然的事了。

　　杨白民亦善绘画，得外祖父、名画家朱偁（梦庐）指授，登堂入室，尤擅长丛兰幽篁。他的六个女儿均为城东女学的学生，书画皆有成就，且各有特色。江北水灾，杨白民鼓励女儿在上海大世界对客挥毫，所得款项全部救济灾区。他的二女儿杨雪瑶(1898—1977)，一名素，15岁从吴昌硕、王震、杨逸等名师学国画，擅翎毛花卉，尤以梅见长，17岁已有润格卖画于市。曾于杨雪玖之后出任城东女学校长，是中国第一个女性艺术家团体——中国女子书画会发起人之一，1961年被聘为上海

弘一致杨雪玖信函

文史馆馆员。三女儿杨雪玖(1902—1990)，字静远，12岁从吴昌硕、王震、李叔同等名师研习书画，工山水，兼人物、花卉，尤擅山水长卷，15岁即有润格问世，常以个人画展义款资助城东女学，后继承父业任城东女学校长，是中国女子书画会发起人之一，1986年被聘为上海文史馆馆员。四女儿杨雪珍(1907—1995)，一名雪真，自幼师从王震研习书画，工人物，对书法造诣较深，尤以板桥体小楷为长，也是中国女子书画会会员。弘一题偈的《蔬笋图》即为杨氏姐妹中的杨雪瑶所绘。

中国女子书画会合影

诗札写寄王仁安

诗札是书写给王仁安的,那么李叔同与王仁安是何种关系?王仁安(1865—1936)是天津的一位乡贤,名守恂,别号阮南。王比李叔同年长15岁,同为天津人士,二人多所交往。王、李两家都是津门望族。李家自不待言。王生于天津立本堂王氏家族,祖籍山西蒲州府永济县。明万历间,王一翰移居天津。其后子孙繁衍生息,蔚为沽上大族。王氏家族以商继世,以文传家,清朝中叶以来,人才层出不穷,王玉璋、王敬熙、王仁安、王君直声名尤为卓著。

王仁安是光绪戊戌科(1898)进士,授刑部山西司主事。1905年巡警部成立,任警法司员外郎。1906年巡警部改民政部,任警政司郎中、总办兼掌印参议上行走。1910年出任河南巡警道。辛亥革命后,曾任内务部顾问兼行政咨询特派员、内务部佥事、考绩司第二科科长、浙江钱塘道尹。1920年任直隶烟酒事务局会办。早年负有诗名,学问文章亦见重于时,晚年参与组织城南诗社和崇化学会。著有《王仁安集》《天津政俗沿革记》《天津崇祀乡贤祠诸先生事略》等。天津文史研究馆原馆长、古文字学家、金石学家王襄曾为其"门弟子"。

李叔同自十六七岁起即与王仁安交往,李对王以"先生"和"切庵仁者"称呼,称自己为王仁安的"门人戚子",还曾"制印呈清赏"(《弘一大师全集》第八集"书信卷")。1917 年初,在浙江省立第一师范学校任教的李叔同在杭州虎跑寺静修,此时王仁安就任钱塘道尹。《仁安自述》称:"丁巳,五十四岁,简浙江会稽道道尹,调钱塘,移家杭县,编《从政琐记》《居杭杂忆》。"道尹是民国时期省以下、县以上的地方行政组织道的长官的称谓,至 1927 年南京国民政府成立时被废除。时钱塘道署即在杭县(杭州)。同在杭城,李叔同倍感亲切,特向"本城道尹署王仁安先生"寄去明信片,"敬贺年禧",并称:"屡惠大著,谢谢!友人颇有愿读者,能多惠一二份否?"又称:"新历正月卅日入西湖虎跑寺习静,二月底返校,公暇能来寺一谭否?"明信片的背面为李叔同入山断食后留影。李后又发出信函说:"二月初五为先慈十三周忌日,先期入大慈山诵经,初七出山,十一天晴,拟谒左右。"(《弘一大师全集》第八集"书集卷")

王守恂

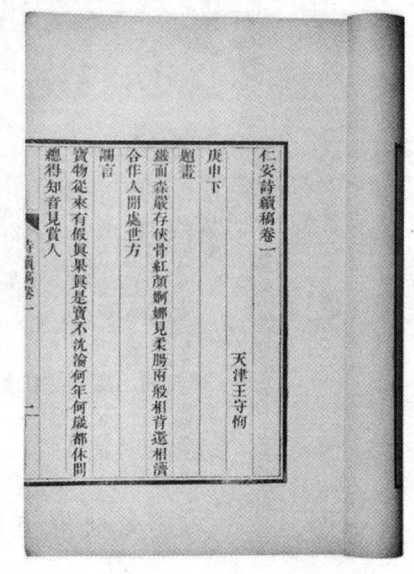

《仁安诗续稿》

作为至好,王仁安在与李叔同的频繁来往中,获知李叔同从"请问佛事"到正式出家为僧的全部经过,而且还亲临了李叔同的受戒仪式。他在《仁安笔记》中记下了1917年李叔同习静听法之情景:"晤天津李叔同,清癯绝俗,饱尝世味,已在剥肤存液之时,自愧不如。吾乡静士刘竺生之外,又得叔同,喜慰万状。"

次年,王仁安在《虎跑寺赴李叔同得往返得诗二首》中写道:"步步弯环步步奇,常愁路有不通时。却怜叠嶂层峦处,一曲羊肠到始知!""兴来寻友坐深山,竹院逢僧半日闲。归到清波门外路,又将尘梦落人间。"记载如此之详,感受如此之深,王对李的关心是不言而喻的。

弘一寄赠王仁安诗札落款为"己未暮春写寄仁安居士,弘一释演音",可知该诗札是己未年即1919年的春天寄出的。

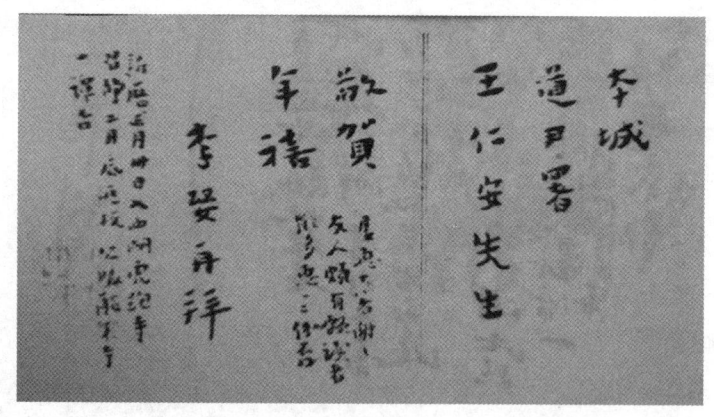

李叔同出家前在杭州写给王守恂的贺年片

文献价值和艺术价值

该诗札在以往有关李叔同——弘一大师的书刊中均未见著录,

它的发现为我们研究弘一大师的人生轨迹、艺术观念及诗词、书法创作提供了重要依据。

首先,偈语作于李叔同刚刚出家不久,从偈语的内容可见大师初入佛门对佛学的深入领悟。惠能和尚曾作偈:"菩提本无树,明镜亦非台。本来无一物,何处惹尘埃。"弘一作偈:"君无蔬笋气,我嗜蔬笋味。休笑著尘相,相依自证具。唯味即唯心,不一亦不异。味外觅真心,益识中道义。"可见此偈深具禅宗之境界。弘一的老友胡朴安有云:"弘一精佛理","为我说禅宗"。弘一反驳说:"我不是禅宗,也未曾为仁者说禅宗。"其实弘一修律,但其佛学思想绝不仅限于律学,此偈便证明大师佛学思想的精深博大。有人说,弘一大师的佛学思想来源是律宗、净土宗、华严宗,或如人们常说的"以华严为境,以四分律为行,以导归净土为果"。实际上佛教各宗均有境、行、果,只是各有偏倚。在《佛法宗派大概》一文前后,弘一大师反复强调:"原来佛法之目的,是求觉悟,本无种种差别。但欲求达到觉悟之目的地以前,必有许多途径。而在此途径上,自不妨有种种宗派之不同也。""吾人于此,万不可固执成见,而妄生分别。因佛法本来平等无二,无有可说,即佛法之名称亦不可得。于不可得之中而建立种种差别佛法者,乃是随顺世间众生以方便建立。因众生习染有浅深,觉悟有先后。而佛法亦依之有种种差别,以适应之。……无论大小权实渐顿显密,能契机者,即是无上妙法也。"

信札表现了大师对朋友特别是杨白民这样同气相求的"文化好友"的真挚情感。李叔同与杨白民交往有20多年,书信往来颇为频繁,即使在李叔同出家以后也保持着通信。如《弘一法师年谱》载,1910年李叔同在日本留学时即书范伯子诗赠杨白民。李叔同到杭州任教后,仍经常与杨白民书信往来,杨白民也曾到杭州看望过李叔同。李叔同出家的消息传到上海后,杨白民曾为之流了一夜的泪。1918年岁暮,杨白民访弘一于玉泉寺,弘一为写训言二则并加题记贻之。但弘一应杨之邀为其女画作题偈却未见记载,这一诗札无疑为李、杨的交集进一步做了诠解。1924年,弘一大师在温州收到杨白民之女的来信,得知杨白民离世,悲痛之极。他在回信中称:"悉尊翁病殁矣,绕屋长吁,悲痛不已。二十年来老友,当以尊翁最为亲厚。"杨白民后人尚存有李叔同的信和书法作品30多封(件),现藏于浙江省博物馆,但此诗札则无人得见。

李叔同早年在天津,其绘画受张兆祥、马家桐影响,宗恽南田一路,格调清雅,后在日本研习美术,吸收西画和日本画的艺术精华,但他并不拘于一家一派而排斥其他艺术风尚。他为杨雪瑶的画作题,说明他的绘画理

杨雪瑶画作

念客观而不偏颇。杨雪瑶人称"海上闺秀画家",此画为何种面目,今已无从得见。但从今日尚存的杨雪瑶画的一幅花鸟画来看,其绘画水准确是非同一般。其作为横幅,画上有一橘红色的大倭瓜,以墨笔画叶蔓,倭瓜上落一小鸟,灵气十足。款题:"俊宏妹夫雅正。癸丑初夏,杨雪瑶画。"作品颇见海派大家王震之风范。据此推断,其《蔬笋图》亦应属浑厚清新、笔墨纵逸的写意之作。弘一在题偈的落款中称,"雪瑶居玉泉,绘《蔬笋图》,白民属题,为说此偈",并称"己未暮春写寄仁安居士"。查《弘一法师年谱》,己未年(1919)春弘一亦居杭州玉泉寺。诗札体现了大师对绘画艺术的深入理解。

诗札为行书,却有八分的风度,意境含蓄于笔墨之外,堪为大师书法艺术的精华。李叔同早年书法基础已相当坚实雄厚,而且广博开阔,涉猎深广。故而,郑逸梅先生在《南社丛谈》中提到李叔同金石

书法时,说"他弱冠前即有相当的造诣",一点不为过。他在出家以前,多写北魏龙门一派的书体。出家初期的40岁前后,习用《张猛龙碑》笔法,尤其锋芒,落笔重在神趣,不求工整。诗札正是这个时期的作品:骨气深稳,体兼众妙,与世无争,虔诚苦行,流露笔端。林子青先生《漫谈弘一大师的书法》说:"弘一法师书法的成就,深得古人的神髓,脱去形式而别具风格,尤其在出家后于书法上的修养更见精湛。"当年,叶圣陶先生《弘一法师的书法》曾说:"弘一法师近几年来的书法,有人说近于晋人。但是摹仿的哪一家呢?实在指说不出。我不懂书法,然而极喜欢他的字。若问他的字为什么教我喜欢,我只能直觉地回答,因为它蕴藉有味。"

  弘一皈依佛门仍念念不忘天津师友,特将诗札寄给王仁安,表现出大师对乡前辈的敬慕及其爱乡思家的情怀。弘一向王仁安寄赠诗札那年,王已身在天津。《王仁安大事年表》:"1918年(戊午年),民国七年,辞道尹回津。受天津修志局之邀,与高彤皆主持修纂《天津县新志》,主笔前十六章。1919年(己未年),民国八年,《杭州笔记》成集。"可见诗札是寄往天津的,此时已是李叔同出家后的第二年。

大师谈"写字"

李叔同的书法艺术精湛,朴拙圆满,浑然天成,臻于化境。鲁迅、郭沫若等现代文化名人以得到大师一幅字为幸。

大师的书法成就和建树,近世之人少有可与之比拟者,然他的书学理论和对"写字"法则的领悟也是深入而透彻,见解独到。

"朽人之字所示者,平淡、恬静、冲逸之致也。"这是弘一大师对自己书法的表述。短短一句话概括了大师书法冲淡朴实、温婉清拔的风格与个性,同时也蕴含着大师对书学的高超见解和艺术追求。

晚年的弘一大师

弘一大师的书法（一）

对书学的理论见地和艺术主张，颇能看出一个人的书法根基、艺术品位和理想的高度。1912年李叔同在上海期间，就对书法做过评论。当时城东女学的女生们搞一次书法展览，对展览中的一些作品，他曾撰文谈出自己的看法。4月16日《太平洋报》上刊登有一篇题为"孟俊女士书法"

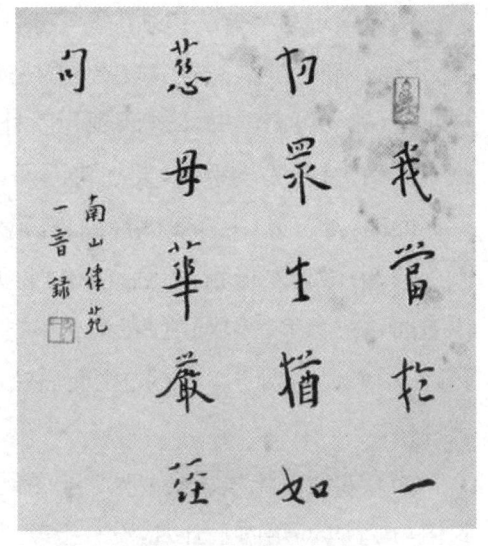

弘一大师的书法（二）

的文章，据考证便出自李叔同的手笔。文中说：

  女子作字，大半柔媚稚弱，一览可辨。不第吾国然也，欧美印倭，靡不如是。此为记者十数年之经验，深信不疑者。前月过城东女学，获见孟书华女士所作篆隶楷各种书幅，为之惊叹，觉曩日所持之论，乃大谬也。女士所作篆书，似吴仓石摹古鼓；隶书似杨岘山临张迁;楷书古拙苍茂,胎息汉魏,尤为记者叫绝。如今日本报所登之"空寂舍"三字,虽非女士得意之作,然古雅疏朗,定可与海上第一流老书家相颉颃。此非记者一人之私论,世有精于鉴赏者必以鄙言为不谬也。女士诣犹稚,涉猎碑版较少,其书法精美,得诸天禀者为多。今后再多搜求名石精拓,研究而参考之,不数年,必可享第一盛名于吾国,此固敢为预言者也。吾国近年以来,欧学发达,研究书法者殆无其人。老辈日渐凋零,后者无人继起,则吾国数千年以来冠绝世界、精妙绝伦之书法,将扫地尽矣。女士勉旃!兴无继绝,匪异人任。记者不敏,亦将拭目俟之!

他曾谈过写字方法:"须由篆字下手,每日至少要写五百个;再学隶、入楷;楷成,学草。写字最要紧的是章法,章法七分,书法三分,合成十分,然后可名学书。"这话颇为质朴,却是义理深刻。一般而言,篆书多用中锋,力均缓笔,要在疏而通,趋于圆势,属内敛笔序;隶书要简而捷,呈方势,中锋兼侧锋铺毫,属外拓笔势。书法贵在得笔力,溯源篆、隶得笔之正侧、方圆、疾缓,迎刃而解,意与古会。在具体运用方面,"方者参之以圆,圆者参之以方,斯为妙美"。"能用拙,乃得巧,能用柔,乃得刚","书必先生而后熟,既熟乃后生"。言简意深,甘苦自得。

那么如何才能写好篆字呢?李芳远保存的弘一大师给他的第一封信写于1936年丙子五月,没有上款,从内容来看,是芳远向大师请教如何学篆写后大师的一件书面答复,全文如下:"初学篆字,宜先习《说文解字》建首。每日写四字,每字写数十次。写时宜提笔悬肘。如是积日渐进,万不可以求急速。"弘一大师这一习篆的教导,至今仍适用于世人。尤其对于青少年,则更为适宜。作书求其心静,万万不可操之过急。即使所谓"急就章"的草字,事实上还是要在经年累月的练习之后才能写得好的,更何况篆书。

弘一大师曾做过专谈写字的演讲。那是1937年,他在厦门佛教养正院演讲,总共讲了四次,第四次是在这年的三月,大师讲了两个题目:一是《南闽十年之梦影》,主要是回顾大师三下南闽的经过,谈了关于僧友教育的意义;二是《关于写字方法》,这是大师在南普陀佛教养正院所作的最后演讲。虽也讲了些如何写字的具体方法,但通篇贯穿的主题是学佛与写字的关系,强调出家人学习佛法高于学习写字,学习写字是为了宣传佛法。

弘一大师在《出家人与书法》中还讲过:"写字必须先守法则,要择一良师,学习他的经验法则,用功苦练,学到得心应手,才能发挥自己的个性。但如果过于拘泥法则,结果只是模仿了古人而已。艺术的极致就是要入格而出格,才能自成一家。"

关于书法风格与时代的关系,弘一大师曾在1942年即圆寂的那年给张人希写过一篇题记,从中透露出大师的态度。张人希与大师曾有一段金石因缘,这一年秋天,张以先人所藏册页,请弘一大师题字,大师即题了"承平雅颂"四字,后落款云:"岁次鹑火秋促,温陵晚晴老人。"又另加题记云:"书画风度每随时代而变易。是为清季人作,循规蹈矩,犹存先正典型,可宝也。壬午秋,亡言。时年六十有三。"

对于个人书法的认识,除了前文所引的那句话,大师还有一段话也是耐人寻味。他说:"朽人于写时,皆依西洋画图按(案)之原则,竭力配置调和全纸面之形状。于常人所注意之字画、笔法笔力、结构、神韵,乃至某碑、某帖之派,皆一致屏除,绝不用心揣摩。故朽人所写之字,应作一张图按(案)画观之斯可矣。不唯写字,刻印亦然。"就是说,书法当置阵度势,成竹在胸,心手两忘,挥洒自如,把均衡、对比的多样统一,点、线、面与黑、白的匹配,达到高品位的和谐。一件艺术作品,张之壁间,远看章法,近观笔墨,需要远观近看均耐人寻味,才称得上为上乘之作。

慧眼见一切　妙音满十方

——弘一墨宝《含注戒本科》

净峰古刹,千年历史。孤峰突兀,拔地而起。山明水秀,风景幽美。玲珑怪石,百态千姿。

净峰远眺

1935年春，弘一法师由泉州来净峰驻锡，至10月底离去。在净峰的半年多时间里，法师除了为僧众讲经说法外，还精心撰写了《四分律含注戒本科》（简称《含注戒本科》）、《菩萨戒受随纲要表》，校点了《行事钞记》《戒疏记》等。其中《含注戒本科》尤为世人所重，堪称稀世珍宝。

殊胜世界　净峰法缘

净峰，在福建省惠安县东南小半岛上。半岛一望平畴，净峰独峙，站在峰顶四顾，三面临海，微风吹拂，令人心旷神怡。法师来到净峰不久即兴奋地写信告诉老友夏丏尊："山乡风俗淳古，男业木、土、石工，女任耕田、挑担。男四十岁以上多有辫发者，女子装束更古，岂惟清初，或是千数百年来之遗风耳。余居此间，有如世外桃源，深自庆幸。"

净峰不仅因风光奇秀著称，更以弘一法师与净峰寺之法缘而闻名于世。法师在净峰见清末庄贻华《咏净峰寺》诗，极为欣赏，即手书其诗，悬于壁上。又为净峰寺客堂写了一副对联，中嵌"净山"二字，寄意自励："自净其心，有若光风霁月；他山之石，厥惟益友明师。"净西小学创办人邱清顺请法师题校训，法师即书"孝悌"二大字赠之，并欣然为金沙桥题字。

在净峰，法师有两件事特别让人难忘。

第一件事是为仙祖庙题写门联。传说这一带是李铁拐的故乡。李铁拐是孝子，背他老母亲往净山奉养，照顾其母无微不至。一天为母亲做饭，柴火不干，竟用脚伸进火膛权作柴火，由此落下残疾，号称"李铁拐"，后因积德功高，羽化成仙，并在净峰西北石山上留下足迹。弘一法师得知这件传闻后，感叹不已，特为供奉李铁拐的仙祖庙题写门联："是真仙灵，为佛门作大护法；殊胜境界，集僧众建新道场。"

第二件事情是向净慈小学赠书。山下的净慈小学校长听说高僧弘一前来弘法,便偕人一起上山往访,不料被随侍弘一的传贯拦住。弘一法师知道了这件事,心中十分不安,特让传贯到学校向校长赔罪道歉,并请传贯代他将一本《华严经》和他手写的四幅单条赠送给庄校长。

为自勖,弘一法师于自己生日那天在净峰撰写一联:"誓作地藏真子,愿为南山孤臣。"上联写有题记:"龙集乙亥五十六岁诞日,敬书以自策励,铭诸座右,沙门演音。"下联复书:"时居惠安净峰寺,研习《事钞》并《戒》《业》二疏及《灵芝记》文。弘裔。"既在题记中记载了他在净峰的撰述事业,更表达了一己之誓愿、弘律之决心。就是在这种意念的支撑与主导下,弘一法师在净峰完成了他酝酿已久的《含注戒本科》。

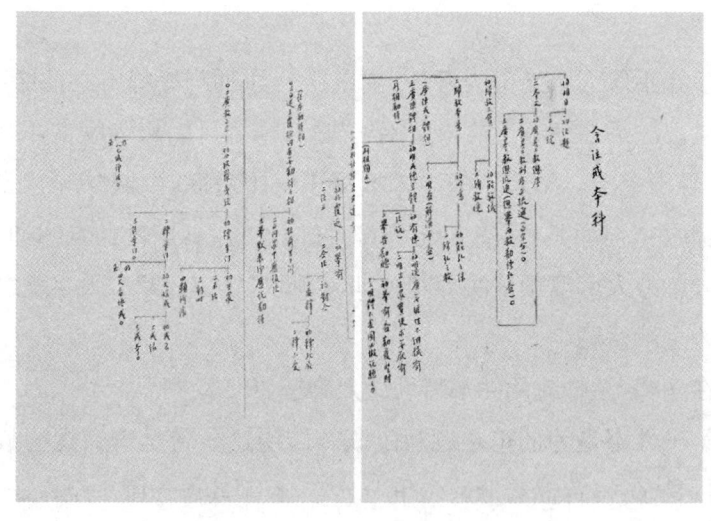

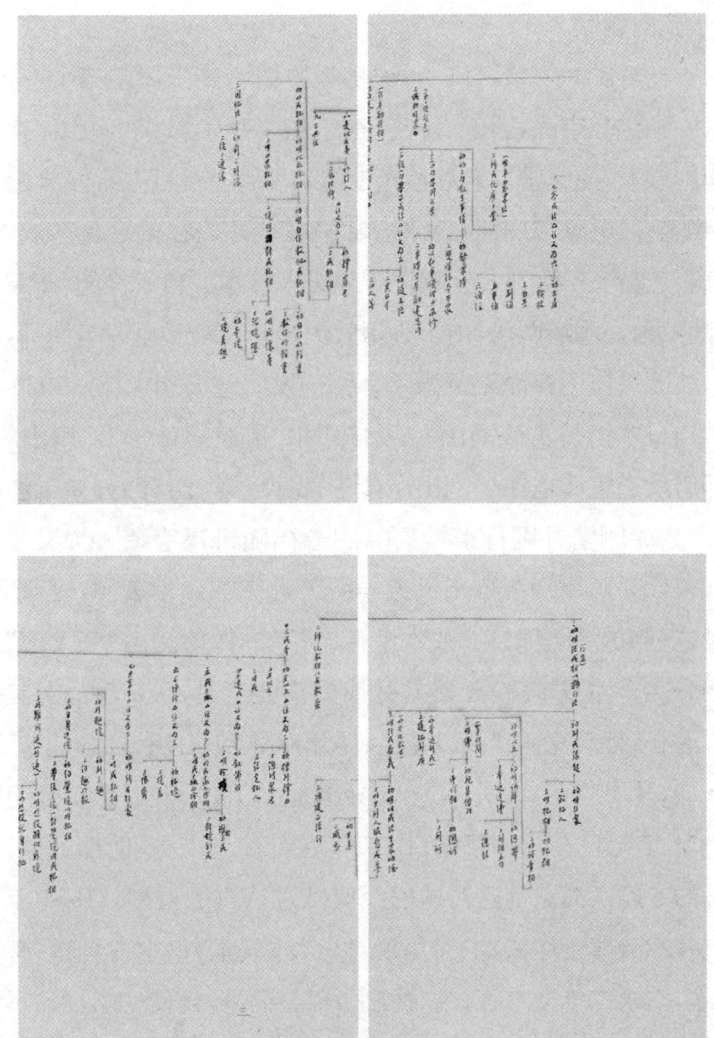

弘一大师《含注戒本科》(局部)

南山遗编　再住世间

"南山律教,已八百年湮没无传,何幸遗编犹存东土;晋水僧园,有十余众承习不绝,能令正法再住世间。"这是弘一法师1933年为南山律学苑的题联。

　　弘一修持律学,精研佛法,被佛教界尊为南山律宗第十一世祖。律宗,中国佛教宗派,因创立者唐道宣住终南山,故名"南山律宗",又称"南山宗"。道宣曾从北魏慧光三传弟子智首受《四分律》义,著《四分律删繁补阙行事钞》《四分律拾毗尼义钞》以及《羯磨疏》《戒本疏》等。唐天宝十三年(754)鉴真把律宗传入日本。自元代起,律宗显露出衰败气象。明清两代,由于典籍散佚,即有寂光、见月等律师,欲振颓风,终因古典不存而无所措手。弘一发愿重振南山律。1920年春天,他自日本请得古版南山"三大部"和"灵芝三部记"。南山"三大部"即唐代道宣律祖在终南山所撰三部律学著作:《四分律含注戒本疏》《四分律删繁补阙行事钞》和《四分律随机羯磨疏》。"灵芝三大部"即宋代元照律师在杭州灵芝寺所著之三部律学著作:《行事钞资持记》《羯磨疏济缘记》和《戒本疏行宗记》。作为南山"三大部"之一的《四分律含注戒本疏》无疑是弘律的重要经典,弘一法师对其推崇至极,潜心研读,立誓:"愿以今生、尽此形寿,悉心竭诚,熟读穷研,南山钞、疏,及灵芝记,精进不退,誓求贯通。"1932年二月在厦门妙释寺,1934年元旦在泉州草庵,1937年在青岛湛山寺,他都做过《含注戒本》的专题讲演。他还对这部经典做过认真的校勘。1934年6月法师在《四分律含注戒本》序里说:"《含注戒本》日本古刊本,有德川时代本、安永二年会本等;今对校之,择善而从,俾使初学诵习耳。"在句读校注的过程中,他编撰了《含注戒本随讲别录》《含注戒本略释》《含注戒本疏略科》等。《含注戒本科》乃其中之一。

　　何谓"科"? 宋《销释金刚科仪会要注解》:"科者,断也。禾得斗而知其数,经得科而义自明。"佛教经文,从头至尾连成一篇,不易阅读,不易理解。1935年弘一法师在净峰撰写的《含注戒本科》具有提纲挈领的性质。它是将《含注戒本》经义的章节细目,按其内在的联系,撰为层层隶属的图表系统,将各种戒律按其犯缘、境缘、罪相等列成纲目和细则,使文义一目了然,阅读者很快就能把握四分律的大致内容。从这一点上看,《含注戒本科》也可以说是《含注戒本》的精炼与浓缩,凝聚着法师对这部佛教典籍的深刻体悟和精深的理解。1924年弘一法师在温州完成的《四分律比丘戒相表记》也是采取的这种撰写形式。

《含注戒本科》早有著录。林子青先生编著的《弘一法师年谱》1935年载:"师至惠安净峰……六月间,编录《含注戒本疏略科》及撰《含注戒本科跋》,并自为记。"注:"《含注戒本科跋》乙亥六月二十九日录讫。时居惠安净峰寺。弘一。"另外,1993年福建人民出版社出版的《弘一大师全集》第四册"佛学卷"中全文收录了《含注戒本科》,款识同为"乙亥六月二十九日录讫。时居惠安净峰寺。弘一。"

2012年,笔者有幸在北京文博苑国际拍卖有限公司的一场艺术品拍卖会上,见到了弘一法师《含注戒本科》手写墨稿。这一手写墨稿与《弘一法师年谱》及《弘一大师全集》所记载的《含注戒本科》在写作时间、写作内容乃至跋语等各个方面完全吻合。再从纸墨、钤印、所用印泥上看,均与那个年代弘一用印习惯相一致。种种情况表明,这正是弘一法师《含注戒本科》的原始墨稿。

字字珠玑　无上清凉

现身于文博苑拍卖会的弘一法师《含注戒本科》手写墨稿共计18页,每页长30厘米,宽66厘米,字为墨书,横竖连线为朱砂红色。起首为标题,即"含注戒本科",最后是跋语,即"乙亥六月二十九日录讫。时居惠安净峰寺。弘一。"跋语左偏下处钤"弘一"朱文印一枚。这一凝聚着一代大师莫大心血的手稿,在佛教文化中的地位及其历史文献价值自不待言,而就其书法艺术价值来说,亦是无比珍贵。

众所周知,弘一法师的书法,深得古人神髓,又脱去形式而别具风格,尤其是出家后,于书法上的修养更见精湛,超凡脱俗。当年曾为弘一演讲担任记录员的陈祥耀老先生对法师晚年书体的演进及特点做过精辟的概括:

其初由碑学脱化而来,体势较矮,肉较多。其后肉渐减,气渐收,力渐凝,变成较方较楷的一派。数年来结构乃由方楷而变为修长,骨肉由饱满而变为瘦硬,气韵由沉雄而变为清拔……其不可及处,乃在笔笔气舒,笔笔锋藏,笔笔神敛。写这种字,必先把全股精神,集于心中,然后运之于腕,贯之于笔,传之于纸……心正笔正,此之谓矣。……有法师之人品,有法师心灵修养功夫,有法师书画天才,故有法师那种清气流行、线条俊荡之书法。

《含注戒本科》墨稿是弘一法师晚年的手笔。细观这一杰作,结构运笔疏松,字形显得狭长,字字珠玑,烟火气消尽,洗净铅华,不事修饰,间有干笔却有内在力量,化百钢而成绕指柔,拙朴自然,镇定从容,深具"平淡、恬静、冲逸之致",看似脱去规矩,又无不从法度中升华而来,一如法师长身直立之形貌和潇洒谦和之风神。法师晚年尤强调书法如佛法,尝引禅言曰:"是法非思量分别之所能解。"今天我们看到的正是光风霁月、荡玄俗念的宁静淡远,超脱中含着一片童趣,自有其博大深邃。正如陈祥耀老先生所评价的那样:"法师老年书法,根脉愈来愈韧,愈有柔而坚之力量,是亦夕阳绚烂黄昏最好之象征。"

当年在净峰,弘一法师除了手书《含注戒本科》及《净峰寺客堂联》《仙祖殿门联》《自勉联》外,还留下几件墨迹,如《将去净峰留题》。此事的因由是:弘一法师来净峰本想在此终老,至十月下旬,因为寺主去职他住,他以为"缘尽"了,决定离寺回泉州移居草庵。临行,写下一首诗《净峰种菊临别口占》:"我到为植种,我行花未开。岂无佳色在?留待后人来。"诗前有小序:"乙亥四月,余居净峰。植菊盈畦,秋晚将归去,犹复含蕊未吐,口占一绝,聊以志别。"诗的原件收藏在泉州开元寺。首句不无久居之意,但"缘尽"即行,坦坦荡荡,了无牵挂。而"佳色"留予后人,胸怀又是何等磊落!据笔者所知,1993年12月上海书画出版社出版的《弘一法师书法集》收入的《戒疏大盗戒科》墨稿,与《含注戒本科》的书写与格局相近,当也是这一时期所作,但其篇幅和字数均少于后者,可作为参照系。

  弘一法师在净峰期间,受潮气侵染,患了风湿性溃疡。离开净峰后,住在草庵时发起高烧,以致神志昏迷,病势凶险。清醒时他向护持在身边的弟子交代遗嘱,后幸亏由道友蔡吉堂介绍,请黄丙丁医生治疗。黄系厦门名医,留日医学博士。他对弘一法师钦慕已久,敬其为人,连续药治、注射、电疗四个多月有余,所需医药费"五六百金",分文不收。弘一法师心有不安,多次请蔡居士转达酬谢之意,询问黄博士有何需求。黄才表示希望能有几幅法师的法书。弘一法师书《心经》一卷,大小字幅数件,并用应付医药费用定做了几个《大藏经》木箱,上镌"黄博士施助"的字样。这一因缘才算了结。笔者言及此事,无非是说当年人对弘一法师已是如此尊崇与敬仰,对法师墨迹这等珍惜,这等奉若拱璧,足可见弘一法师的书法成就及其艺术影响力之大。

  《含注戒本科》墨稿作为弘一法师的经典之作,它不仅展现了法师至高至上的书法艺术境界,而且彰显了一代宗师博大精深的佛学思想、舍己济群生的人格风范。弘一在净峰曾撰一联:"慧眼见一切,妙音满十方。"在我看来,这真可作为《含注戒本科》的一个注脚。

高远宁谧　字字珠玑

——弘一手书《行事钞》

作为佛教律宗大师,弘一对《四分律含注戒本疏》《四分律删繁补阙行事钞》《四分律随机羯磨疏》等律学典籍推崇至极。法师于1933年和1935年精心书写的《四分律删繁补阙行事钞》深切表达了法师对佛教的无比虔诚及其誓护南山律宗的心愿,展现了法师书法艺术的至高境界。

《四分律》是佛教戒律书,后秦佛陀耶舍与竺佛念共译。原为印度上座部系统法藏部所传戒律。因全书内容分四部分,故名。《四分律删繁补阙行事钞》(略称《行事钞》),唐道宣著,三卷(或作六卷、十二卷)。全书分30篇,对《四分律》内容删繁、补阙,兼采律学诸家之说,是南山律宗所据的重要典籍。弘一法师对《行事钞》悉心竭诚,熟读穷研。在厦门,他先后假妙释寺和万寿岩,举办"南山律苑"讲座,第三个学程专讲《行事钞》及《四分律删繁补阙行事钞资持记》。他还对《行事钞》作过多处题记,可见这部典籍在法师心中的地位。

弘一1933年手书《行事钞》完成于福建泉州开元寺。这年五月上旬，法师应转物和尚之请，带着一班学律弟子前往泉州开元寺，在寺院西北侧尊胜院结厦安居。弘一法师为尊胜院作一长联，曰："南山律教，已七百年湮没无闻，所幸遗编犹存海外；晋水僧园，有十数众弘传不绝，能令正法再住世间。"在尊胜院，他一边讲律一边圈点南山"三大部"。正是在这里，法师敬录《行事钞》全文。此册为棉连纸线装，共81页，磁青布封皮，上有弘一题耑"四分律删繁补阙行事钞"，落款"癸酉五月，时居泉州开元尊胜院，一音"，钤"弘一"白文小印。

弘一1935年手书《行事钞》完成于福建惠安净峰寺。法师是这一年的春天来到净峰的，在这里，除讲经外，还编录了《含注戒本疏略科》，撰写了《含注戒本科跋》等。十月一日，法师集录《菩萨戒受随纲要表》成。同月，在离开净峰之前，又为念西法师撰《龙裤国师传序》，并再次敬录《行事钞》全文。此册规格、封皮与前者相同，题耑也是"四分律删繁补阙行事钞"，落款则为"乙亥十月时居惠安净峰寺，一音"，钤"弘一"白文小印。

《行事钞》

弘一手书《行事钞》的历史文物价值不言而喻。写经乃出家人的传统。弘一敬录《行事钞》既体现了法师的功德，展现了一代哲人的崇高追求，也表现出法师对传播和弘扬律学的执着。法师曾写过一副联语："愿尽未来，普代法界一切众生备受大苦；誓舍身命，弘护南山四分律教久住神州。"弘一书写《行事钞》或许用于讲经弘律，也有可能馈赠他人或留给后世,但不管怎么说,以写经护法与结缘,这是弘一反复恭录《四分律》更深层的意义。从这一点上看,这两部写经不仅是研究一代佛教大师极为珍贵的历史文献,更堪称中国佛教文化的瑰宝。

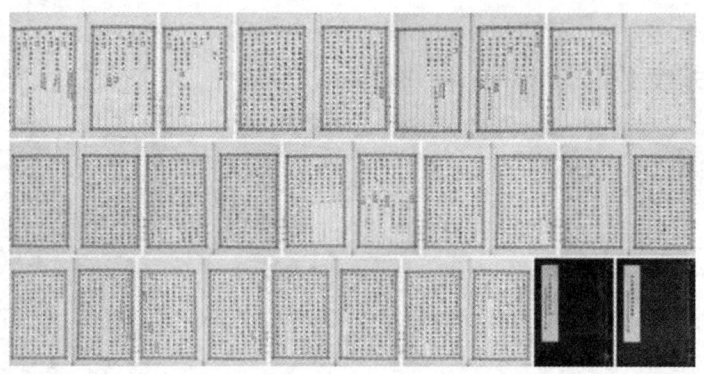

两部《行事钞》无疑是弘一法师书法艺术的经典之作。弘一书法依次呈现为三个阶段:初存碑学矩度,体扁而多"肉";近50岁时体渐方,"肉"渐减,趋于气敛神凝、端庄古朴的意境;数年后更向体势修长、气骨沉稳、笔意清拔的方向发展,遂成其冲逸而又庄严的个性风格。两部《行事钞》分别为法师54岁和56岁时所作,均呈现其晚年典型书风,"笔笔藏锋,

《行事钞》

笔笔神敛,笔笔气舒",足见书写时心神不乱、唯道集虚的高度镇静功夫,达到了归真返璞、炉火纯青的境界。这种天人合一的恬静淡泊,这种超脱世俗的高远宁谧,大概只有参透红尘、了明死生的人才能达

到。此诚如法师的书法传人黄福海所言:"其书敛神藏锋,古拙平整,笔力凝聚于毫端,字字珠玑,含雅淡静远的韵致,可以说世界上无人可望其项背。"

福德因缘　普照万方

——弘一手书佛号桌屏

福建晋江檀林乡福林寺,林园欣欣,清溪环绕。1942年农历正月,弘一法师在该寺中殿楼上东禅房内,以无比的虔诚,精心书写了一套佛号桌屏。

（一）

法师手书的佛号桌屏共计20条,每条长20.5厘米、宽4厘米,裱后装嵌成折叠式小屏风,既可立于桌面,也可置之案头。

第一条屏,中间竖写大字:"南无阿弥陀佛。"两边竖写小字:"不惜于身命,常护诸佛法。无我心调柔,能得如来道。"

第二条屏,中间大字:"南无甘露王菩萨。"两边小字:"悲体戒雷震,慈意妙大云。澍甘露法雨,灭除烦恼焰。"

第三条屏,中间大字:"南无地藏菩萨莫科萨。"两边小字:"南无

佛号桌屏

南山道宣律师；南无灵芝元照律师。"

第四条屏，中间大字："南无观世音菩萨。"两边小字："勤修清净波罗蜜，恒不忘失菩提心。"

第五条屏，中间大字："南无药师琉璃光王佛。"两边小字："善调心过恶，及与身四种。道不思议地，故我今敬礼。"

第六条屏，中间大字："南无无量香胜王佛。"两边小字："众生所愿乐，一切能满足。故我愿往生，阿弥陀佛国。"

第七条屏，中间大字："南无清净光明佛。"两边小字："无垢清净光，慧日破诸暗。能伏灾风光，普明照世间。"

第八条屏，中间大字："南无得大无畏佛。"两边小字："如心佛亦尔，如佛众生然。心佛及众生，是三无差别。"

第九条屏，中间大字："南无成就卢舍那佛。"两边小字："知诸尔焰法，智身无挂碍。于法无忘失，故我今敬礼。"

第十条屏，中间大字："南无最胜波头摩奋迅胜佛。"两边小字："种种诸恶趣，地狱鬼畜生。生老病死苦，以渐悉今灭。"

第十一条屏,中间大字:"南无广博身如来。"两边小字:"稽首过称量,稽首无伦等。稽首法自在,稽首超思惟。"

第十二条屏,中间大字:"南无妙身佛。"两边小字:"如来妙色身,世间无与等。无比不思议,是故今敬礼。"

第十三条屏,中间大字:"南无无量寿佛。"两边小字:"一切有为法,如梦幻泡影。如露亦如电,应作如是观。"

第十四条屏,中间大字:"南无宝俱苏摩身光明胜佛。"两边小字:"佛慧明净日,除世痴暗冥。梵声语深远,微妙闻十方。"

第十五条屏,中间大字:"南无宝相佛。"两边小字:"如来色无尽,智慧亦复然。一切法常住,是故我皈依。"

第十六条屏,中间大字:"南无威德住佛。"两边小字:"具一切功德,慧眼视众生。福聚海无量,是故应顶礼。"

第十七条屏,中间大字:"南无无边身佛。"两边小字:"具足神通力,广修智方便。十方诸国王,无利不现身。"

第十八条屏,中间大字:"南无华胜佛。"两边小字:"我所修福业,此世及余生。由斯善根力,愿佛恒摄受。"

第十九条屏,中间大字:"南无宝性佛。"两边小字:"正觉阿弥陀,法王善住持。如来净业众,正觉华化生。"

第二十条屏,小字:"若得见于佛,除灭一切苦,能入诸如来,大智之境界。若得见于佛,舍离一切障,长养无尽福,成就菩提道。性愿老师供养。壬午正月十八日,沙门一音。"钤印"弘一"。

(二)

从其上款来看,桌屏乃是赠予性愿法师的。性愿法师(1889—1962),福建南安人,为弘一法师入闽后的挚友。他早年出家,饱参饱学。在宁波天童寺参学时,性愿即闻弘一由一名艺术家落发出家,发愿贯通儒释,重振南山律学,怎奈因寺务所累,未有机缘参礼问学。1928年底,弘一法师为了《护生画集》的事又到了上海,偶遇旧友尤惜阴与谢国梁二居士将赴暹罗(今泰国)弘法。在沪候轮时,法师一时兴起,便参加了他们的南行弘法团。船到厦门,受到陈嘉庚胞弟陈敬贤居士的接待,介绍他们到南普陀寺去住。法师在这里认识了性愿、芝峰、大醒、寄尘诸法师,被恳切地挽留。后来,尤、谢二居士乘船继续南行,而弘一法师就独自留在了厦门。这是他初次和闽南结下因缘。不久,由性愿法师介绍,他到泉州南安小雪峰寺去过年。可以说,弘一法师三下厦门,最终定居闽南,苦心修学十四载直至终老,与性愿法师的反复礼请有直接关系。

弘一法师与道友合影

弘一比性愿年长九岁,声望也高,但他一直尊性愿为前辈,直至终老,不改此衷。性愿夙好书法,也擅长鉴赏,十分推崇弘一法师之书艺,曾云:"师于书法举力秀劲韵净,为近世四大书家之一。"因此之故,自弘一法师首下厦门起,性愿便开始向弘一函求书作。每次函求,弘一法师均及时书奉满其所愿,前后历时十余年。所求之作包括佛号、字幅、大小联、屏条、横额、碑文、戒牒等,品种之多,数量之大,持续时间之长,均在法师众多道侣中所绝无仅有。

1937年九月二十七日,弘一法师按照预定计划,自青岛湛山寺弘法圆满返回厦门。可就在四天前,性愿法师已接受菲律宾中华佛学会之请,南渡马尼拉大乘信愿寺弘法办道。就这样,两位高僧因忙于弘法而未及辞别便天各一方。弘一与性愿虽远隔千里,却始终联系不断。1941年,在性愿法师的提议下,菲律宾中华佛学会向弘一法师发出邀请书,礼请法师赴菲律宾弘法。为不负对方盛情厚意,弘一法师委托传贯法师办妥出国签证,然而未及动身,抗战日趋激烈,日寇加紧策划太平洋战争,法师只能接受传贯法师之劝,改变赴菲律宾弘法的计划,留居晋江檀林福林寺。那佛号桌屏便是法师在留居福林寺之际为性愿书写的。

(三)

弘一手书佛号桌屏精诚庄严,意旨宏大。条屏中,凡佛、菩萨名前均加有"南无"二字,深深表达了法师对佛法的尊敬和虔信。南无,梵文"namas"的音译,亦译"南谟""那谟"等,意为"致敬""归敬""归命",是佛教信徒表示一心归顺于佛的用语。《观无量寿经》:"具足十念,称南无阿弥陀佛;称佛名故,于念念中,除八十亿劫生死之罪。"

弘一法师反复劝告信徒们:"义海渊微,未易穷讨,念佛一法,最契时机。"他在1928年农历九月二十日致丰子恺的信中说:"念佛一声,能消无量罪,能获无量福。"法师所书桌屏中的若干佛号正体现了他的这一思想。

弘一法师称号念佛,主要念"阿弥陀佛",但也经常念"南无药师琉璃光如来佛""南无地藏菩萨"名号等。药师佛系东方之佛,但在弘一法师看来,持念药师佛的名号,不只对愿在祛病去疾身体健康或往生东方净琉璃者有无穷的利益,便是一心生西者,亦可得到极大资助。地藏菩萨,《地藏十轮经》谓其"安忍不动犹如大地,静虑深密犹如地藏",称其受释迦牟尼嘱咐,在释迦即灭、弥勒未生之前,自誓尽度众生,拯救诸苦,如愿成佛。又因其以度死鬼为主,被称为"幽冥教主地藏王菩萨"。依弘一之见,地藏菩萨既与此世众生有因缘,"三经之外,似宜兼诵《地藏经》",念地藏菩萨之名号,以为助行。

桌屏的小字大多是与所尊佛、菩萨相关的参悟偈语或佛经集句。如"勤修清净波罗蜜,恒不忘失菩提心","一切有为法,如梦幻泡影。如露亦如电,应作如是观",皆寓含哲理,且令人喜见而使众生广种净因。从这一点上看,桌屏不但是念佛的"资粮"和对佛陀无上尊崇的表示,也是僧俗修炼与处世的"警示牌"、给人以智慧与信心的"座右铭"。

桌屏的书写文静朴质,温婉清拔,充满了超凡的宁静和云鹤般的淡远。世人评价,这是"弘一体"书法的集中体现乃至化境之作。其点画线条,一概削繁就简,不见起讫,既无大起大落的跳跃,亦无纠缠曲折的回环,一笔是一笔,不作牵丝映带,平写来,波澜不兴。其用笔简明,但绝不是单调。点画线条,关乎形质,乃是神采的物质基础和所出。笔意的宁静与分布的疏朗结合,遂成其独有的书法神采,一切巧妙都引到了平淡神采的背后,耐人玩味,意蕴不尽。

弘一大师于1942年农历九月初四日圆寂。佛号桌屏为弘一法师圆寂前八个月所作,整体观之,既有佛门大师的虔诚体悟,又有艺术家的通灵意韵,展现了一代大师"寂然天地空"的至高境界,真可谓"佛教文化之瑰宝,艺术宝库之经典"。

佛智之依止　修行之法门

——弘一手书《华严经十行品》

弘一法师手书《大方广佛华严经十行品》(简称《华严经十行品》),竖写横开本一册,共56页,每页宽28厘米,纵13厘米。磁青布封面,装订考究。封面题耑"大方广佛华严经十行品",为法师所亲题,落款"沙门一音",钤白文"弘一"印。末尾书:"岁次辛巳三月十五日,沙门善梦,时居南安玳瑁灵应寺。"钤"弘一"朱文印、"名字性空"白文印。明确表明其书就的时间和地点。"一音""善梦"均为弘一法师的别号。

1940年11月12日,弘一法师入南安灵应寺安居。同行者性常、传贯、静渊、妙斋诸弟子。弘一于13日至15日三天接见各往访者,过后即掩关著作。12月12日,致函拟离任回国的菲律宾信愿寺住持性愿法师,推荐性长法师去菲岛接替护法,完成弘一多年来弘律海外的愿望。转年即1941年春仍居南安灵应寺,各方祝寿诗词陆续寄至。5月,自灵应寺重过水云洞。为陈海量书古德偈句"即今休去便休去,若欲了时无了时",跋云:"辛巳四月十九日第二次居南浦水云,明朝将复之福林,书此奉海量居士。晚晴老人,时年六十又二。"此后便移居晋江檀林寺。从弘一法师《华严经十行品》的题识看,这一手书经文正是完成于弘一1941年春居于福建南安灵应寺的这段时间里。

弘一法师书写《华严经十行品》具有颇多深意。《大方广佛华严经》即《华严经》,乃佛教华严宗据以立宗的重要经典。在佛陀诸经中,《华严经》开讲最早,后贤比之太阳初出、先照高山。钝根之人要理会它,谈何容易!从弘一法师有关文字来看,他读诵研习《华严经》,采取两种方法:读诵时,抓其核心;研习时,先疏后论。他多次诵读整部《华严经》,同时将《华严经》的核心部分和重要章节如《普贤行愿品》《十行品》《十回向品》等作为常课,反复轮诵,潜心写录。他在致蔡丐因的信中就曾说:"朽人读《华严》日课一卷以外,又奉《行愿品别行》一卷为日课,依此发愿。又别写录《净行品》、《十行品》、《十回向品》(初回向及第十回向章)作为常课,每三四日或四五日轮诵一遍。"弘一法师书写《华严经十行品》正说明他对这部佛教经典研读之精心与刻苦。

《华严经十行品》实为《华严经》的一部分。"十行品"在《华严经》八十品之中属于第二十一品。弘一法师在他书写的《华严经十行品》的首页有一段题记,特别说道:"《华严经十行品》共有七分:一三昧分;二加分;三起分;四本分;五说分;六现证分;七重颂分。研修此十行品,须揭其要意,清净摄受,随缘顺理,方得华聚。今边抄录,边修研,其受益更为明显矣。"可见法师写此就是为了在研修中获益,依佛智而修行,以达到最高境界。

弘一法师手书《华严经十行品》还有另一层意义,即以写经弘法劝善。佛教的内涵博大精深。在弘一看来,《华严经》对整个佛教义理而言,带有源头的意义,把握了这个源头,就能解读和理解种种佛典。然而,《华严经》是部大经,很难全读和通读。而《华严经》中的"十行"乃是修行所按的"十种法门",即依止佛智而行,是使自己行为清净、达到功德圆满的一条重要途径。弘一写《华严经十行品》也是希望它广为流布,导俗利生,与其编印《华严经集联三百》的意图无异:"广般若之宣流,永孝思于不匮",利仁利他,功德无量。

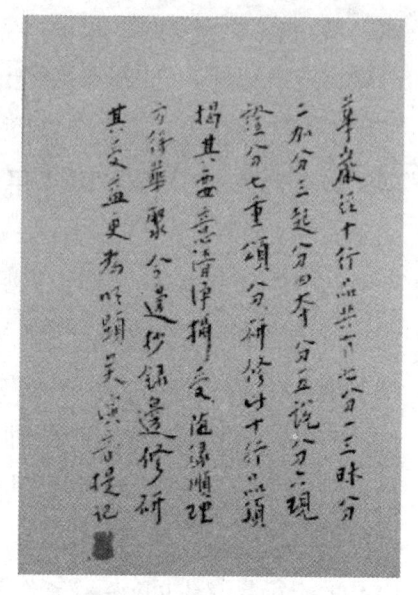

《华严经十行品》题记

弘一所写的这部《华严经十行品》共计12000余字,每页18行,用铅笔打出竖格,精心书写,字字清正,笔笔不苟,给人以一种不食人间烟火之感。深谙弘一书法之道的叶圣陶曾说过这么一段话:"就全幅看,好比一个温良谦恭的君子人。不亢不卑,和颜悦色,在那里从容论道。就一个字看,疏处不嫌其疏,密处不嫌其密,只觉得每一笔都落在最适当的位置上,不容移动一丝一毫。再就一笔一画看,无不使人起充实之感,立体之感。有时候有点儿像小孩子所写那样天真。但是一面是原始的,一面是成熟的,那分别又显然可见。总结以上的话,就是所谓蕴藉,毫不矜才使气,功夫在笔墨之外,所以越看越有味。"《华严经十行品》为弘一晚年书就,虽似下笔迟缓、结字狭瘦,几近硬笔书,然此中映现出淡泊宁静、不落一丝尘埃之美,非一代大家,是无法表现这种精邃玄微之道的。

弘一法师的墨迹可谓珍贵无比。法师的弟子刘质平之哲嗣刘雪阳曾向笔者讲述当年其父刘质平保存弘一书法《佛说阿弥陀经》16条屏的经过。他说:"这16条屏是1932年夏天弘一大师赠给我父亲的。抗日战争胜利后，我父亲在上海举办弘一大师遗墨展。曾经担任国民党财政部长的孔祥熙起初出价360两黄金，通过中间人跟我父亲谈，我父亲没有答应。他以为我父亲嫌价格太低，又加到500两黄金。我父亲还是婉言谢绝。当时我们全家六口人，住在上海一间租来的旧房子的阁楼里，经济比较困难。父亲再穷也不愿将大师呕心沥血的墨宝卖掉。另一方面，当时家父打听到，孔祥熙出高价买下这部经文，是想把它献送美国博物馆。我父亲认为弘一大师的这一墨宝是大乘佛教的重要文献，怎么能让它流落到外国去呢？"

有人说，百年前惊世骇俗，百年后依旧追随者众的，当首推李叔同，即弘一法师。他的精彩履历和对中国文化与佛学思想的巨大贡献毋庸赘言，其书道之精深亦令后来人顶礼膜拜，说其书法已臻化境，相信没有人会有异议。那种天人合一的恬静淡泊，那种超凡脱俗的高远宁谧，大概只有参透红尘、了明死生的人才能达到。弘一法师不愧为我国近代书坛心手合一的旷世高人。

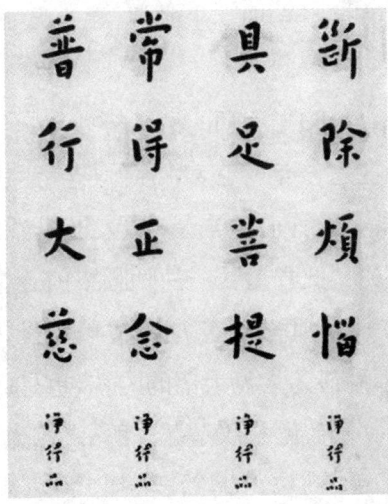

弘一大师集句书法

皆当以诚敬为主

——弘一书印光语录

"人生事事皆可伪为,独临死之时不可伪为。况其无爱恋之情,有悦豫之色,安坐而逝。若非静业成熟,曷克臻此?礼诵持念种种修持。"

《印光大师嘉言》是印光大师的语录集抄,弘一大师于1942年为黄福海所书。法师在这一年曾去泉州百源寺,不久即移居温陵养老院。此卷正是写于这段时间,这当是对"入世"与"出世"作最佳总结的时间。故而有人说:"此卷为弘一法师圆寂前五个月所写的最为重要的内容,即著名美学大师朱光潜所说的'以出世精神做入世事业',是人生真谛、佛家禅悦最为大彻大悟的内容,也是弘一法师苦修一生所得出的箴言。"本文开头所录仅是弘一所书《印光大师嘉言》中之一句,意思是:临终一事,无法作伪,欲要安坐而逝,就得以诚敬之心多多念佛,修持净业。诸如此类嘉言,与其说是对黄福海的嘱告,毋宁说是弘一大师在借此表达自己的最后信念。

由于与弘一大师的特殊关系，黄福海曾得到大师的许多赠言墨宝，但因种种原因，多数已不知去向。据知情人讲，黄福海的一生也极富传奇色彩。他认识弘一大师时，正在晋江税务局工作。从1940年起，他便与中共地下党有联系，1947年正式入党。黄的书法弟子曾讲过这样一件事，说日本特务要逮捕从事地下工作的黄福海，其时黄正和弘一大师一起出行，特务慑于大师的威望，终于未敢下手。但从现在材料看，此事尚缺少佐证。黄福海晚年写过这样一首诗，其中有句"昔日与佛为邻客，只为隐身报国家"。据黄福海讲，大师生前曾希望他出家，但黄没有这样做。黄和他的姻妹通信时曾说："看来我妹信佛虔诚，我不反对佛教，但也不信佛教。当年我师弘一大和尚即曾鼓励我出家，我并未接受他的盛意。"黄福海在个人生活方面也是命运多舛，他结过三次婚。前两次，黄在盛年，惜天不假年，夫人都早逝，且无子女。1957年他被打成"右派"，被迫从泉州退职到扬州，在当地打铜巷一个小门市部开发票，月收入仅十几元。

1939年弘一大师与黄福海在泉州的合影

据说大师遗墨的首次失落是在新中国成立前夕。此时黄福海因从事地下工作，字幅携带不便，除将少量作品留存身边外，他将其余几百幅寄放福建一同事家。新中国成立后，黄查询此事时，同事称未存放过，忽又说被不识字的祖母生炉子误烧了，从此这批墨宝便去向不明。20世纪90年代，黄珍藏的墨宝又大部被人盗窃或被送人。据武维春先生《黄福海与弘一大师》，弘一大师逝世前几个月将手书印大法师嘉言十余幅赠黄,并附给黄一封信。"据说其真迹是被人窃去5幅然后变卖了,此后黄福海打算将余下的11幅分赠给随他学弘体的弟子,但却被一个向黄福海索字者无理地联系变卖。1990年这批珍品以3000元的价格卖给了当地一家文物商店,据说后来文物商店将这些单页裱成一个手卷拍卖了。"这件墨宝就是前面所说的《印光大师嘉言》。这一手卷,长604厘米,宽27厘米,2009年底在保利艺术品拍卖会上出现,标明"此作品原为江苏省扬州市文物店旧藏",估价人民币180万元至280万元,成交价达到582.4万元。

"购书单"之缘

1935年秋天,弘一法师在福建惠安地区讲律弘法期间,因受潮气而患风湿病,引发溃疡,臂疮足疗,异常凶险。后经留日医学博士、外科专家黄丙丁精心治疗,半年后才得以康复。即使在病中,法师仍念念不忘其弘法事业。1936年春节刚过,他即给其老友、时在上海开明书店主持编辑业务的夏丏尊寄去一份"购书单"(内列书目近50种),并由夏转请弘一护法基金会赐金600元,再由夏委托内山书店一并寄汇日本其中堂书店,以购买一批古本佛学经典。

夏丏尊收到的这份弘一法师"购书单",被同在开明书店工作的王伯祥见到。王伯祥早就喜爱弘一书法,只是一直无缘获得法师的成幅作品。此次他从夏丏尊那里见到法师写的"购书单",爱不释手,便在征得夏丏尊同意后,请人装裱成一手卷留下,而另抄一份"购书单"交与内山书店。

手卷裱成后,王伯祥请叶圣陶先生(叶当时亦供职于开明书店)题名为"弘一上人买书帖",又请夏丏尊作一题跋。跋文中曰:"弘一上人书，伯祥夙宝爱之，顾所得止佛号及小联，无成幅者。今岁春初，上人自闽南贻书，托向日本购经籍。伯祥见此横幅大喜，因嘱人别钞寄日本，而留此付装池焉。"

不知是王伯祥先生直接向弘一法师索要过墨宝，还是由夏丏尊代求过，自从有了那份"购书单"的因缘之后，弘一法师曾多次给王伯祥寄去书件。1939年，应"伯祥先生嘱题"，为其书屋题过"书巢"二字横幅。后来又为他写过《华严经》偈颂集联。联中"清凉""大地""无碍眼"云云，对"众生"均不无启示，对于作为文学家的王伯祥等则更是如此。"犹如大地，能作一切众生依处"，更是语意深远。法师鼓励王伯祥等一切友生要像广阔无垠的大地，承载人类的期望，成为大众的依托。

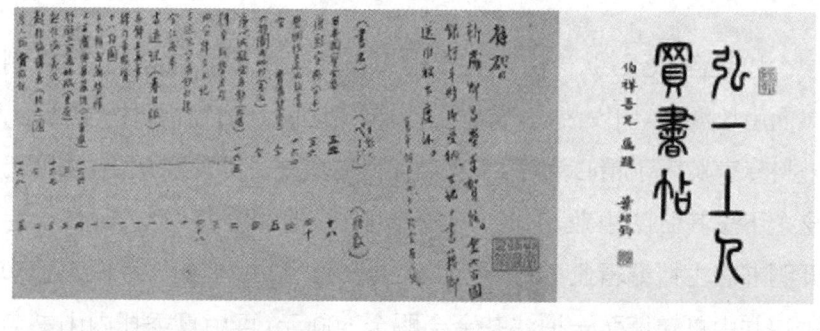

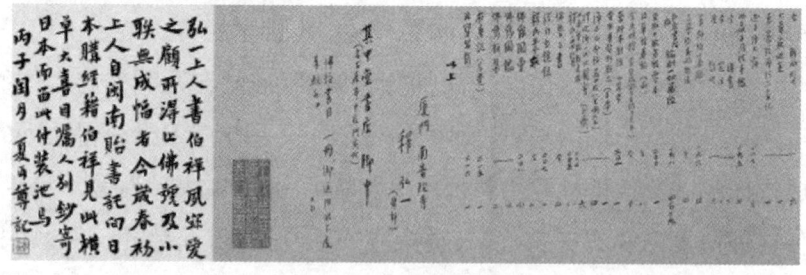

《弘一上人买书帖》

技进于道　文以立言

——为《白阳》创刊号所写

"技进于道,文以立言。悟灵感物,含思倾妍。"——李叔同在《白阳诞生词》中所言。

1914年5月,李叔同以"浙师校友会"名义,出版了一本《白阳》诞生号。杂志共15页,除扉页由经亨颐校长题"美意延年"四字外,整本杂志从封面到各篇文章,全由李叔同以毛笔手书,以石印出版,实际上是一册李叔同早期的书法精品。

《白阳》诞生号内容丰富,有李叔同写作的音乐序、《西湖夜游记》,夏丏尊评介俄国契哀荷(按:即契诃夫)之作《写真帖》,诗11首。《近世欧洲文

《白阳》诞生号

艺之概观》一文介绍了拜伦、雪莱、济慈等13位诗人,述评了斯各德、狄更斯等9位小说家及以卡莱尔为首的5位批评家和两位剧作家。《西洋乐器种类概说》介绍了弦乐器、管乐器、击乐器、金制乐器,并附有图样。其中弦乐论述了小、中、大、倍大提琴,竖琴,六弦琴,长提琴等;木管乐器介绍了横笛、竖笛、单簧管三种;金制乐器述说了六种喇叭。《石膏模型用法》是国内最早介绍该种教具的文字。息霜(李叔同)所刊《春游》曲,旋律活泼、轻快,层次和谐,一时无人可比,是国内最早的合唱作品。《白阳》诞生号中还刊载李叔同、夏丏尊二位的印刻。在100多年前,这份杂志就开始介绍外国的绘画、音乐、乐器及文学,开创了推介西方艺术的先河,有深远的启蒙作用。

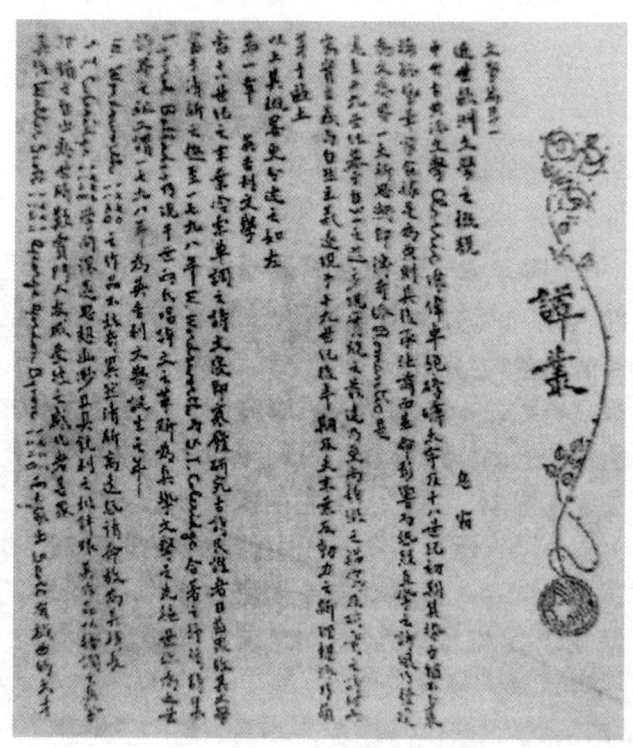

《白阳》杂志所刊李叔同所作《近世欧洲文艺之概观》

这份手书的杂志，立意新颖，内容多样，编排得体，有文有画，有诗有词，有歌曲又有篆刻，是一本综合性的文艺刊物。《白阳诞生词》由李叔同撰写，文笔华丽，富有诗意："技进于道，文以立言。悟灵感物，含思倾妍。水流无影，华落如烟。掇拾群芳，商量一编。维癸丑之暮春，是为《白阳》诞生之年。""商量一编"，说明在编辑出版这本杂志前，李叔同是与同事好友商量研究过的。夏丏尊当时兼任浙一师校友会出版部部长，这本杂志以一师校友会名义发行，当是两位先生志同道合携手合作的产物。

《白阳诞生词》中几句话指出文艺与立德、立言的关系，认为文艺的核心是"道"。朱熹云："道者文之根本，文者道之枝叶。惟其根本于道，所以发之于文皆道也。三代圣贤文章皆从此心写出，文便是道。"(《朱子语类》)李叔同幼承母教，于宋明理学多精，认为文艺之功能必有裨于世道人心，对所谓"为文艺而文艺"的观点，自然应该加以否定，故李叔同特别强调感化和移情作用。

一花一叶 孤芳致洁

——题陈师曾荷花小品

1916年寒露那天,37岁的李叔同作了一首《题陈师曾荷花小幅》,词曰:"一花一叶,孤芳致洁。昏波不染,成就慧业。"词有小序:"师曾画荷花,昔藏余家,癸丑之秋贻听泉先生同学,今再展玩,为缀小词。时余将入山坐禅,慧业云云,以美荷花,亦是自勖也。丙辰寒露。""癸丑"即1913年。

陈师曾

李叔同与此画作者陈师曾早有交往。陈生于书香世家。祖父陈宝箴官至兵部侍郎,曾任湖南巡抚,善诗词,精通中医。父亲陈三立官至吏部主事,并擅长诗词文学,为清代同光体诗派的代表,又与谭嗣同、吴保初、丁惠康并称为"晚清四公子"。陈师曾擅长诗词、书画。1906年,陈师曾就读于东京高等师范学校学习博物学,李叔同于该年秋天考入东京美术学校西洋画科,两人一见如故。陈师曾1909年毕业回国后,主要于江苏南通师范学校教授博物课程;而李叔同则于1910年毕业后,先返天津直隶高等工业学堂教书,1912年转任上海《太平洋报》任副刊主编,负责版面的美术设计、提供并邀约作品等。当时由于李叔同力邀陈师曾于报刊上发表画作,二人互动频繁,遂又再度承续友谊。其间二人的作品广受好评,曾被誉为"北陈南李"。1912年秋,陈师曾远赴北京教育部任职,李叔同则往杭州浙江省立两级师范学校任教。虽然在空间上有了距离,但两人的交游仍然紧系无断。

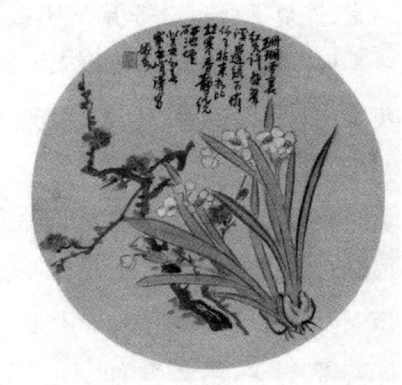

陈师曾绘画小品

李叔同为陈师曾荷花小幅题词恰在他虎跑断食之前。

一天,他的好友夏丏尊在一本日本杂志上看到一篇题为《断食的修养方法》的文章。文章说断食是身心"更新"的修养方法,还说断食可以改去恶习、生出伟大的精神力量,并且又列出了实行断食过程中的种种注意事项和方法,继而介绍了一本专门讲断食的参考书。夏丏尊读了此文,觉得很有趣,一时兴奋,就把它介绍给李叔同看。李叔同不看也罢,可这一看,立马就被迷住了。

"有机会最好把断食来试试",夏丏尊虽然这么说,但也只是说说而已,作为一种戏言,早已忘得一干二净。李叔同则不然,他是一个凡事都认真的人,既然这篇文章说断食有这许多好处,况且自己又患有神经衰弱症,若实行断食,或许可以痊愈,为何不试一试?他没有声张,连夏丏尊也没告诉一声,就决定要断食了。

根据日本杂志上的介绍,实行断食在寒冷的冬天为宜,为此他初步确定断食时间为当年的农历十一月,在寒露那天特作《题陈师曾荷花小幅》。

寒假到了,李叔同去杭州虎跑寺试验断食,共三星期。据说经过很顺利,不但无痛苦,而且身心反觉轻快,有飘飘欲仙之感。他平日每天早晨写字,在断食期间仍以写字为常课。断食以后,他自觉"脱胎换骨"过了,用老子"能婴儿乎"之意,改名"李婴"。

弘一大师出家之初与在家好友的合影

在以后的岁月里,陈师曾这位昔日老友,在李叔同心中一直占据着重要位置。断食后的李叔同决心出家。1918年披剃前,他将自己的一部珍贵物品赠予陈师曾。具体为何物?龚产兴在《陈师曾和他的艺术》一文中说,李叔同出家前,曾将多年保存的民间艺术品及维纳斯石膏像赠送给陈师曾,师曾亦以画赠之。而《陈师曾》一书的作者朱万章,在其为陈简编的年表中记曰:"李叔同出家,以其泥偶玩具陈设赠,师曾因绘成图,以留纪念。"遗憾的是,李叔同的赠物,因陈师曾英年早逝而不知所归。

1923年,陈师曾为继母奔丧,自大连赶回了南京,不幸得痢疾去世。

从陈师曾荷花小幅题词的内容来看,那时的李叔同佛教思想已经萌发。实际上,他是在借题发挥,以洁净清雅的莲花自喻,以证悟真理的慧业自许,追求纯真完美的人格。

以研究文学美术为宗旨

——文美会的主要创始人

1912年春夏间,陈英士在上海创办《太平洋报》,主笔为柳亚子、叶楚伧等。当时该报特辟《文艺画报》副刊,由李叔同主编,随报附送,极受读者欢迎。这时,李叔同又与柳亚子等创办文美会,主编《文美》杂志,内容均系会友所作的书画及金石印章拓本,全是手稿,极为精美。

1898年,李叔同从天津来到上海,居于许幻园家,与许等结义城南草堂。1901年他考入南洋公学,受业于文坛巨擘蔡元培,与邵力子、谢无量、黄炎培等成为同学,并参加了沪学会。后因母亲王太

柳亚子

夫人病逝,他扶柩回天津,办理好母亲的后事,即踏上了留学日本的旅程。1912年,留学回国的李叔同在天津遭遇了破产之厄后,再次来到上海,负责《太平洋报》副刊及广告事宜,并且以《太平洋报》为中心发起组织文美会,编辑出版刊登名家书画的《文美》杂志。他在《太平洋报》画了许多广告,并且提出了系统的报纸广告理论,从而在

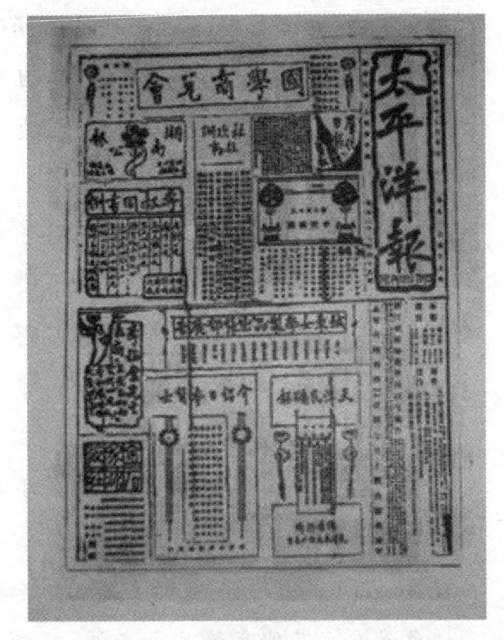

《太平洋报》

无意中成为我国近代广告画的先驱。当年,《太平洋报》被警察查封,文美会随之失去了存在基础,6月底转入由姚光和高燮等创办的国学商兑会。

　　李叔同主持《太平洋报》副刊、广告业务时间不长,和文美会也仅相伴相随两个月时间,却在《太平洋报》副刊上,刊发了他撰写的六则有关文美会的消息。

　　如《文美会之成立》说:

> 叶楚伧、柳亚庐、朱少屏、曾孝谷、李叔同诸氏同发起文美会,以研究文学美术为目的。凡品学两优、得会员介绍者,即可入会。每月雅集一次,展览会员自作诗文美术作品,传观《文美》杂志,联句,各家演讲,当筵挥毫,展览品拈阄交换等。事务所设在太平洋报社楼上编辑部内。

　　又如《文美会第一回开会之盛况》说:

李梅庵（即玉梅花庵道士）、吴昌硕两先生，亦以客员资格来襄盛举，且皆临时挥毫，应人之请，其豪兴正复不浅。出交换品共十三人，一人有出二件或四件者，共得二十余件。其中最可保（宝）贵者，为八十二岁老人蒋卓如先生书联，文曰："以人为纪，得天之时。"又，朽道人之梅花条幅，枝干皆用篆法画成，古香古色，洵推杰作。又，范彦殊氏之折扇，自书文美小集之律诗一首，流连文酒，感时得意之怀，溢于楮墨。得此为纪念，文美增色多矣。其他交换品十余件，如诸贞长、费公直、柳亚庐、余天遂、严诗庵、黄朴存、叶楚伧、夏笑庵、李息霜、曾存吴诸氏，或录旧诗，或抒新采，兴酣落笔，皆具特殊之长。出卖品二十余件，李梅庵氏之折扇二柄，皆两面书画，笔墨题识，趣味入古，一望而知为名手。朽道人山水二幅，气韵浑厚。李息霜氏以篆法书英字，自成派别，而不伤雅，所书系英国大文豪沙翁之诗，体裁恰好。曾存吴氏之花卉团扇，摹模恽派，颇有心得。沈筱庄之雕刻象牙扇骨，于三四分宽、四寸长之物，刻字八行，每行百二十字左右，细入毫芒，而笔意直逼米老，精妙绝伦。谓之魔术中之雕刻家，非过誉也。

《太平洋报》出版广告

参考品另为一室。曾存吴氏所藏五六年来日本文部省美术展览会之选品及日本西洋画家之杰作集五六种，参照印证，引增兴趣不少。朱少屏氏所藏古画多种，皆名人之作。其最夺目者为于海屋之手卷，花木数十种，穿插配合，实具苦心。异禽二十余种，共四十余尾，构图设色，迥异时流。他若朽道人之《残荷》，运笔疏宕，觉秋水伊人，呼之欲出。又，沈墨仙氏之《枇杷》，李梅庵氏之《松》，吴昌硕氏之《梅》（三氏皆临时挥毫），一时兴来之作，莫不韵味天然，一洗凡近之习也。

同人制作品凡百余页，首文，次诗，次词，又图画十六幅，印五种，滑稽告白数种，及附录文艺纪事，用杂志体裁装成一册，名曰《文美》。叙言系姚锡钧氏所作，他为黄宾虹氏之古玺印铭，息霜氏之《李庐印谱序》，存吴氏之《与某记者论西洋书画》，（天）遂氏之《遂庐笔记》，亚子氏之《血泪碑历史》，皆饶有趣味之作。诗词则洪思默感，沉艳浓郁，无件不精。图画中山水最多，绵密轻妙，各有家法。息霜氏之《盼》，以洋画笔墨写优美之意，实为吾国画界之创格。存吴氏之《马》，用笔设色，纯仿宋法。比较息霜氏之《盼》，一新一旧，恰是背道而驰。对照参观，可见艺术之头头是道也。朽道人之广告集图案，系用汉竹叶碑文组织而成，趣味高古，可以为亚东国粹之代表。严诗庵氏之《文美纪念碑》，别开生面，而独具匠心。以上各品装成杂志，原以备临时传观会友。因佳制甚多，秘之可惜，刻拟集资印，不日即可发行，诚快事也。

会友十三人，共出交换品二十余件，于尊酒微醺之际，由李、曾二氏用抽签法彼此互换。此时，凡出品者，皆于其所欣感之物生无限希望。每揭一物名，则属耳注目者举场一致，其情与盼望选举之发表都无殊异。黄朴存氏慕朽道人之名已久，及是日，见朽之交换品系古梅一幅，垂涎特甚。未几发表，应得是画之主人竟是黄氏，合堂喝彩。而黄氏之得意，尤不可形容。范彦殊之诗扇,李息霜读之,爱不释手。当用笺纸书是诗纳入衣袋中,虑少缓为他人所得,不及抄录也。不意发表后,此扇亦竟为李氏所得,皆可谓随心所欲矣!曾存吴氏之画扇,初用纸套封固,未露真面,人皆疑为裸体美人。于是引起一般好奇之心。欲得是品者不知凡几。及至揭晓,仍是恽派花卉,为费公直氏所得。而存吴氏所得,系息霜氏之书。曾、李本旧同学,交换书画之事非止一次。是日用抽签法,曾又得李之制作,一若数由前定之也。讵最后之一人为严诗庵氏所得,仍是自作之品。无已,乃与存吴氏所得再相交换,然后毕事。洗杯更酌,夜色已初更矣。

以上所记,真实地反映了文美会从组织到开展活动的基本情况,从中可看到文美会的主旨、活动状况和李叔同在文化艺术活动上的作为。书画家们通过抓阄交换艺术作品,生动有趣,完全是一种纯粹高雅的交流活动。李叔同的书画作品如"以洋画笔墨写优美之意"的《盼》、"以篆法书英字"及其撰写的《李庐印谱序》等均得以展现。

作悼母哀歌

1905年7月间，李叔同由上海归津葬母时，倡导举行文明葬礼。在丧礼仪式上，李叔同作有哀歌两首。一为《追悼李节母之哀辞》，文曰："松柏兮翠蕤，凉风生德闱。母胡弃儿辈，长逝竟不归！儿寒复谁恤？儿饥复谁思？哀哀复哀哀，魂兮归乎来！"二为《上海义务小学追悼李节母歌》，歌词为："贤哉节母，柏操流芳。贤哉节母，国史褒扬。贤哉节母，遗命以助吾学堂。痛节母之长逝兮，荷钦旌之荣光。痛节母之长逝兮，增学

李叔同为母亲举办文明葬礼的广告和报道刊登在当时的《大公报》上

界之感伤。痛节母之长逝兮,祝子孙其永昌!"以上两首歌曲,均在灵堂中由李叔同亲抚钢琴伴奏,由一班小学生童声合唱。歌声表达了李叔同丧母的极大悲痛,赞美了王太夫人的贤良淑德。哀乐感染了整个灵堂,使全体与会者和中外名士沉浸在对逝者的一片哀思之中。

《送别》歌的词与曲

"长亭外,古道边,芳草碧连天……"由李叔同编创的这首学堂乐歌数十年流传广远,以致成了弘一大师的代名词。

李叔同是我国从事乐歌写作的先驱者之一。他的乐歌大体有本人作词兼作曲的,本人作词、他人作曲的,他人作词、本人作曲的,也有用外国曲调配以我国诗词的,还有一部分为填词歌曲。《送别》便属于填词歌曲。

《送别》

这首《送别》歌,作于李叔同在杭州浙江一师任教期间,最早见之于《中文名歌五十曲》。原词只有一段,后由在燕京大学和北京师范大学任教的陈哲甫加作了第二段歌词。曲子间接采自美国通俗歌曲作者奥德威作词作曲的《梦见家和母亲》。《梦见家和母亲》先传到日本,犬童球藏用它的旋律填写了《旅愁》的歌词,刊载在明治四十年(1907)出版的《中等教育唱歌集》中。笔者在《外国名歌201首》中见有《旅愁》的中译歌词,为:"秋夜凄凉,难入梦乡,长空闪星光,独自一人苦思念,寂寞且悲伤。我怀念啊,故乡亲人,回忆永远留在我心上。夜夜踏着童年的路,梦里回故乡。"李叔同则根据犬童球藏的《旅愁》歌填写了《送别》的歌词。我国著名现代音乐家、作曲家、上海音乐学院教授钱仁康先生曾对《送别》歌作过深入的研究和考证。钱先生曾说:"我先是从日本明治时代的歌曲中找到了犬童球藏的《旅愁》,然后追根溯源,又多方查找,发现《旅愁》来源于美国奥德威的《梦见家和母亲》,再经过考察,得知犬童球藏的《旅愁》正是在李叔同留日期间写作并发表的。"

《音乐小杂志》第一期

《送别》歌虽然采自于奥德威的《梦见家和母亲》的旋律,却又有别于该曲,其中是有李叔同自己的创造的。关于这一点,钱仁康教授在与笔者交谈时,就《送别》的曲子作了详尽具体的分析,并将《送别》的旋律与《梦见家和母亲》作了对比。他说:"奥德威是奥德威艺人团的领导人,曾写过不少艺人歌曲。《梦见家和母亲》是一首典型的艺人歌曲,其中每一句旋律的结尾都有一个强拍上的切分倚声,好像一声长叹,这正是某些艺人歌曲的特点。但《送别》的旋律和《梦见家和母亲》不尽相同,其中每四小节出现一次的倚声已被删除,因此旋

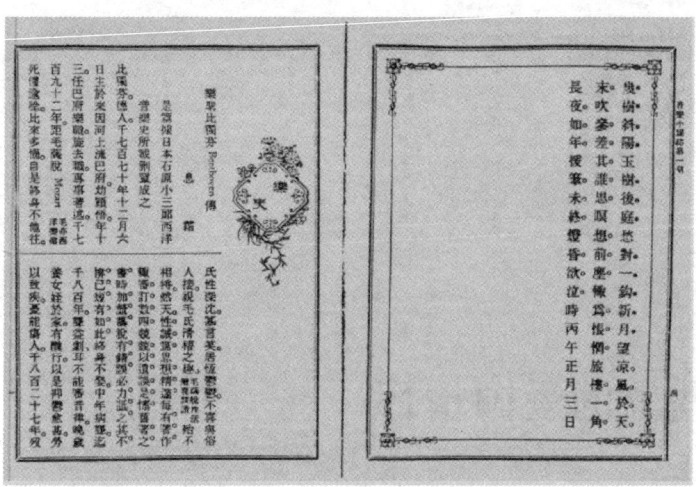

《音乐小杂志》

律显得更为干净利落。在这一点上,《送别》与《旅愁》倒是一致的。"

《送别》歌的高明之处除了曲调上的自然流利,还在于它歌词创作上借景抒情的高超手法,词清语丽、恬静淡远的格调,以及词曲之间天然完美的契合。它有传统诗词的深远意境,又以鲜明流畅的语言抒写出人世间真挚的情感。歌词中有"夕阳山外山"之句,乃出自龚自珍诗:"未济终焉心缥缈,百事都从缺陷好。吟道夕阳山外山,古今谁免余情绕。"李叔同非常喜欢这首诗。1939年1月14日,他在厦门南普陀佛教养正院讲演时还吟诵了这首诗,以作"临别赠言"。《送别》的歌词中用了"夕阳山外山"的句子完全是他主观思想和情绪的需要,而不是旧体诗词的翻版,它让人感受到中国人文的厚重与深沉,深化了歌词的主题。

《送别》的歌词与曲调在意境和形式上达到了无与伦比的和谐与统一,显示了作者超然的思想境界,非同一般的艺术修养、艺术才华和创造性。人们之所以将日本犬童球藏的《旅愁》和中国李叔同的《送别》并称为"异国双璧"加以赞美,其根据大概就在于此。

歌曲里的爱国情怀

生活于积贫积弱、风雨飘摇的旧中国,李叔同无论在俗还是出家,无不表现出忧国忧民、爱国报国的赤子情结。这种强烈的爱国情怀也体现在他的歌曲创作上。

李叔同在天津、上海期间曾写过《祖国歌》《我的国》《大中华》《满江红·民国肇造志感》等歌、词,表达了他对祖国的挚爱,激发了国人的拳拳爱国心,同时也展现出李叔同超凡的艺术才华。

丰子恺编《李叔同歌曲集》

李叔同热爱祖国,一心渴望祖国富强起来。有感于国家内忧外患、社会风俗颓废、民主空气淡薄等现实情况，20世纪初，他与许幻园、黄炎培等一些思想先进的人士在上海南市创办了沪学会，定期演讲爱国、卫生、民主等内容，并附设补习学校，培植后进。他编写了一本《文野婚姻新戏册》，宣传男女婚姻自由的思想。1905年，李叔同先后为补习学校写了两首歌颂祖国的歌词《祖国歌》和《大中华》。

《祖国歌》由李叔同作词，以民间乐曲《老六板》配曲。其歌词为：

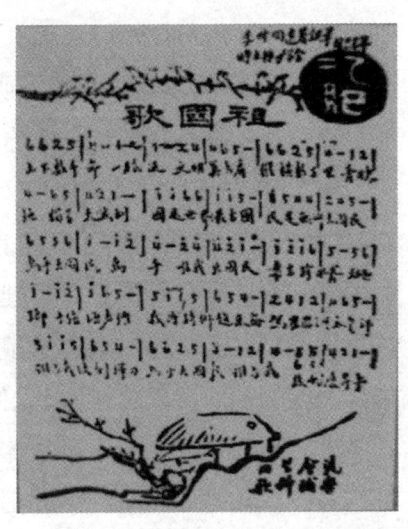

《祖国歌》

上下五千年，一脉延，文明莫与肩。纵横数万里，膏腴地，独享天然利。国是世界最古国，民是亚洲大国民。乌乎，大国民！乌乎，唯我大国民！幸生珍世界，琳琅，十倍增声价。我将骑狮越昆仑，驾鹤飞渡太平洋。谁与我仗剑挥刀？乌乎，大国民，谁与我鼓吹庆升平！

这首《祖国歌》"词曲贴切，主题鲜明，富有民族特色"，"歌颂了我幅员辽阔的华夏古国，抒发了自强不息的民族精神"，"一经教唱，即由沪学会传遍沪上，传播全国，首创了国人用民族曲调配制乐歌的新风。"（秦启明语）李叔同后来的门生丰子恺，在回忆当年情景时说："我的少年时代，正是中国外患日逼的时期。……那时民间曾经有'抵制美货''抵制日货''劝用国货'等运动。我在小学里唱到这《祖国歌》的时候，正是'劝用国货'的时期。我唱到'上下数千年，一脉延，文明莫与肩。纵横数万里，膏腴地，独享天然利'的时候，和同学们肩了旗子排队到街上去宣传'劝用国货'时的情景，憬然在目。我们排队游行时唱着歌,李叔同先生的《祖国歌》正是其中之一。"(《李叔同先生的爱国精神》)从丰子恺的回忆,可以看出 20 世纪初,《祖国歌》和它的作者李叔同影响之一斑。

《我的国》的歌词是:

> 东海东,波涛万丈红。朝日丽天,云霞齐捧。五洲惟我中央中。二十世纪谁称雄?请看赫赫神明种!我的国,我的国,我的国万岁,万岁万万岁!

> 昆仑峰,缥缈千寻竽。明月天心,众星环拱。五洲惟我中央中。二十世纪谁称雄?请看赫赫神明种!我的国,我的国,我的国万岁,万岁万万岁!

李叔同的爱国与传统文人的爱国颇有不同,他非爱一姓之国。从《我的国》中,我们丝毫看不到对封建王朝的留恋,而是体现了崭新的国民意识,从历史、地理、国民的角度,歌颂文明古国的悠久历史,抒发中华民族的强烈自豪感,唤起人们的民族自信心。这不同于某些旧式文人闭眼不看世界的盲目吹捧,他清醒地意识到祖国多灾多难的现实,并从新的时代潮流中看到了光明和希望。

《大中华》的歌词是:

> 万岁!万岁!万岁!赤县膏腴神明裔。地大物博,相生相养,中国五千余岁。振衣昆仑之巅,濯足扶桑之漪。山川灵秀所钟,人物光荣永垂。猗欤哉!伟欤哉!仁风翔九畿!猗欤哉!伟欤哉!威灵振四夷!万岁!万万岁!万万岁!

这首歌词,令我们感受的是李叔同在极力营造一个"大中华"的形象,这个"大中华"值得去大礼赞、热爱,并为其欢呼"万岁",除了有"纵横数万里,膏腴地""地大物博"等天然的可爱之处,它更有世界上莫与比肩的文明。李叔同身处封建政治腐败濒于崩溃之际,深感民族自尊心的丧失,因此歌词中热情歌颂祖国历史悠久、地大物博,以增强民族自尊心,唤起国民奋发图强的爱国精神。

1910年，李叔同从日本学成归国，当时正是中华民族革命思想澎湃的时期，他随即加入柳亚子领导的进步文学团体——南社，努力唤醒及振奋国民的民族精神。转年，辛亥革命，民国成立，他感奋而填了一阕《满江红》，配以传统曲调，表达他的怀抱：

> 皎皎昆仑，山顶月，有人长啸。看囊底，宝刀如雪，恩仇多少。双手裂开鼷鼠胆，寸金铸出民权脑。算此生，不负是男儿，头颅好。
>
> 荆轲墓，咸阳道。聂政死，尸骸暴。尽大江东去，余情还绕。魂魄化成精卫鸟，血花溅作红心草。看从今，一担好山河，英雄造。

这首歌以特殊的视角，展示出山高月皎、有人长啸的有声场景，欢呼辛亥革命推翻封建王朝的胜利，表达了重任在肩、再造锦绣河山的决心。作者甚至幻想着一个注重民权的民主"好山河"就要豁然呈现在人们面前。"魂魄化成精卫鸟，血花溅作红心草"，在对为救国而舍生取义的英雄的热情颂扬中，表达了自己见贤思齐的赤子情怀。同前几首歌一样，这首《满江红》一时风行全国，为广大青年所传唱，并且远传到海外华侨中。

李叔同的爱国思想贯穿他的一生。1918年他皈依佛门后依然情系国家。当日寇的铁蹄践踏祖国大地时，他秉承"念佛不忘救国"的准则，痛斥侵略者罪行，坚决不当亡国奴。

李叔同——弘一大师在厦门期间，日本侵略者吞并中国的野心日益彰显。日军在中国的暴行令大师无限愤慨。一天大师外出，在马路上听到有人吹口琴，曲子是日本国歌，回来后，大师写道："归途凄风寒雨。"这年农历九月，弘一大师正由青岛讲经返回厦门，厦门风云甚紧，敌机敌舰常来骚扰，弟子们为了他的安全，求他转入内地。大师说："为护法故，不怕炮弹，倘值变乱，愿以身殉。"并自题居室为"殉教室"。日本某航队司令造访大师，要求大师用日语对话，大师坚持"在华言华",拒绝说日语。又邀请大师赴日弘法,大师回答:"出家人宠辱俱忘,敝国虽穷,爱之弥笃,尤不愿在板荡时离去,纵以身殉,在所不惜。"他给李芳远写信道:"虽风声稍紧,朽人为护法故,不避炮弹,誓与厦市共存亡。古诗云:'莫嫌老圃秋容淡,犹有黄花晚节香。'乃斯意也。吾人一生之中,晚节最重要,愿与仁等共勉之。"

1937年3月,厦门市准备召开第一届运动会,当时开运动会直接目的有两个,一个是鼓励民众的体育精神,二是捐助四川难民。筹委会因慕弘一大师是音乐界的前辈,决定请大师作会歌。有人认为,这位一心弘法不问俗事的法师是不会答应的。谁知出乎人们意料,大师竟慨然应允。他联系当时日寇猖獗的气焰,便将体育与振奋民心、团结抗暴结合起来,撰写了一首充满爱国激情的运动会歌。歌词是:

> 禾山苍苍,鹭水荡荡,国旗遍飘扬!健儿身手,各献所长,大家图自强。你看那,外来敌,多么狈猖!请大家想想,请大家想想,切勿再彷徨。请大家,在领袖领导之下,把国事担当。到那时,饮黄龙,为民族争光!到那时,饮黄龙,为民族争光!

"禾山""鹭水"都是指厦门。歌中警醒人们:"外来敌,多么狈猖","请大家想想"。歌中鼓动大家奋起,为民族争光,为祖国不受外敌侵略而斗争。试想,当人们唱起这首慷慨激昂的歌曲时,怎能不为祖国的命运而担忧、为国家的兴亡而感奋?

这是大师留下的最后一首歌曲。与前作相比,这首厦门市第一届运动会会歌更加平易流畅,更为明确地反映了歌曲的主题思想。诚如戴嘉枋先生所言:"作为他在音乐观念的一种整体显现,我们不难发现他在音乐社会功能观上的重大转折:那就是由出家前注重音乐的情感审美功能,转向了对于音乐教育功能的重视。"

真正的佛教当以济生利世为己任,是入世的,民族危亡之际更显英雄本色。丰子恺先生曾说,弘一大师是一位"实行人格感化的大教育家"。他处处事事都以崇高的气质感化众生。祖国无时无刻不在他的心中，他也在时时地告诫他的同胞：我们是中国人，我们要爱我们的祖国，绝不允许任何侵略者觊觎祖国的土地、蹂躏中国人民。他以艺术呼唤正义，唤起人们纯真仁爱的心性。这才是作为一代佛教大师最为可贵、可敬之处。

"校士场"说明了什么

——李叔同文昌宫校歌的深层意义

2015年的一天,文昌宫小学的老校友胡允谟先生(胡定九之子)给笔者打来电话,谈了有关李叔同当年为文昌宫小学写校歌一事,认为现今流行的《文昌宫校歌》"与我幼时所学、先父所教者不同,将'地灵人杰校士场'一句,竟误传为'地灵人杰效师长'",且提出种种依据。笔者对胡先生所言深表赞同。2017年9月,天津市文昌宫民族小学开展学校文化建设系列活动,专门组织了一场"'文昌校歌'专题研讨会"。经多方考证,进一步统一认识,与会者一致认为,先前流传的《文昌宫校歌》的确有误。

校歌就错在歌词的那三个字上。事情要从1988年讲起。这年的4月,天津古籍出版社出版了《李叔同——弘一法师》一书,书中收有文昌宫老校友宋廷璋(1910—1995)写的一篇短文,文中言及胡定九老师教校歌的事。根据回忆,他记下李叔同早年撰写的这首校歌的歌词是:"文昌在天,文明之光。地灵人杰,效师长;初学根本,实且强;精神腾跃,成文章。君不见,七十二沽水源远流长。"随后,这一歌词又被辑入上海音乐学院钱仁康教授参与编写的《李叔同——弘一法师歌曲全集》中。自此,凡李叔同传记、相关论文都以宋所提供的歌词为准,以致以讹传讹,误传世间。

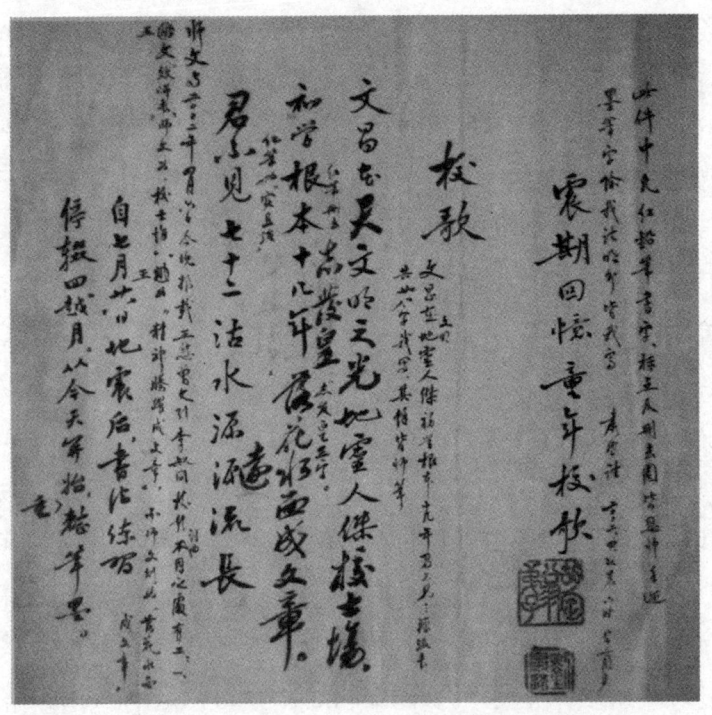

文昌宫小学校歌歌词

"效师长"和"校士场"虽仅三字之误,却是差之千里。"效师长"是对学生的基本要求,可视为校规的范畴,而"校士场"则就不同寻常了,这是一个具有人文色彩、有深层含义的概念。校士场旧时也称"校士馆"。明胡应麟《华阳博议》:"六朝策事;唐宋校士,悉其遗风。"明冯梦龙《古今谭概·口碑·被黜诗》:"天顺初,有欧御史校士,去留多不公。"清田兰芳《奉训大夫云南楚雄府通判袁公赋诚墓志铭》:"公生有异征。十三，乌程潘昭度校士归德，爱公文，拔置胶庠。"清刘大櫆《赠大夫闵府君墓志铭》："学使彭公素知府君，不允其退，且延之入幕校士。"清末津人《津门征迹诗》有《校士馆》曰："西颢南湖与东壁，馆中修志著才名。迩来谁执生花笔，搜取人文遍七城。"此诗作于1865年，其时李叔同尚未出生。笔者以为这里的所谓"校士馆"当是旧城内的贡院（试院），地点在东门以南的提督学院衙门，与文庙隔街相对，天津府所属七县的考生都集中在此考试，同时天津县学的考试也在这里进行。这应不是李叔同歌词中的"校士场"，李提到的"校士场"乃是在辅仁书院原址建起的一个新型的培养和选拔人才的场所。

辅仁书院在天津旧城西北角附近，前身是文昌宫。1895年，16岁的李叔同进入辅仁书院，学习为文之道。书院每月考课两次，一次为官课，一次为师课，分别由官方和掌教出题、阅卷、评定等级，并发给银钱作为奖赏，用以督促学业。就在这一年，李叔同在给李家的账房先生徐耀廷的信中说："今有信将各书院奖赏银皆减去七成，归于洋务书院。照此情形，文章虽好，亦不足以制胜也。"又说："弟拟过五月节以后，邀张墨林兄内侄杨兄教弟念算术，学洋文。"由此信可知，此时在天津已有教育改革之类的事，也可见李叔同对新型教育的追求。减各书院奖赏银归洋务书院，实际上是书院祠庙改设学堂这一改革措施的前奏。1903年，辅仁书院改为北洋校士馆，招收举贡监生，科以策论及格致（物理）、算学。校士馆的建立被认为是"书院之余波，学堂之先导"。随着近代新式学堂的大量创建，天津旧式儒学教育逐渐退出历史舞台。1905年，早期留日的胡家琪在校士馆的基础上创办天河（初级）师范学堂（这是天津最早创办的新型师范学校），之后迁出，这儿成为附小（即文昌宫小学）。1910年留日归来的李叔同在直隶高等工业学堂任教期间，为文昌宫小学创写校歌，其中"校士场"句便出自这里。

李叔同是一位具有深厚传统文化底蕴，又颇具新思想新观念的人。特别是留学日本后,他对现代教育有了更为深入的理解,对天津推行的包括教育改革等一系列"北洋新政"甚为称道。1906年正在日本留学的李叔同得知天津在推行新型教育上不断取得成果,颇有所感,曾特介绍其上海友人杨白民通过周啸麟的关系到天津参观学务。(参见前文《图绘教员李叔同》)校士馆实为北洋新政的组成部分,同样为李叔同所推重,且从某种意义上说,这儿又是他的母校,李将其写入校歌便也是自然而然的了。

"校士场"出现在文昌宫小学校歌中,一方面体现了李叔同对近代教育大变革的首肯,另一方面也体现了他是将其作为了激励鼓舞学生早日成才的"号角"。按通常的说法,"校士"的释义是考评士子。学子们相互砥砺,争优创先,刻苦钻研,优秀人才层出不穷。当然,这里所说的"校士"已不再是封建时代的取士方式,而是培育和选拔有用于国民的经世致用之才,最起码得精于策问、物理、算学。早在1898年,19岁的李叔同入天津县学应考,曾作一篇题为"乾始能以美利利天下论"的课卷文章,谈开发资源,论实业救国。李叔同认为,培养中国自己的"矿师"最为切要。他主张设立矿学会,公举数人出洋赴矿学堂学习数年,学成回国,再议开采。其实这也正是他心目中的人才标准,与其后来的取士观念一脉相承。李叔同借用王勃《滕王阁序》"物华天宝,人杰地灵"句,尤其强调校士场乃"地杰人灵"之所。如果说歌词中"文昌在天,文明之光"是讲学校的文脉传承与历史传统的话,那么"地杰人灵校士场",则更凸显这里是培养、教育、考察新型人才的兴学宝地,是在新学引领下学子们"比武"的理想场所。

有人说,李叔同先在天津基本上完成了由传统到近代的转换,再通过在日本吸收西方文化,才逐渐成长为近代新文化的执牛耳者。不管怎么讲,清末天津西学东进的文化氛围,使他接受了新知识、新思想,这是无可否认的。由此他才对当时的教育改革有了全新的认识,进而写出了《文昌宫小学校歌》这样的经典之作。

经典名作《三宝歌》

峻峭的杨梅山,满山葱郁,古木参天。闽南南安名刹小雪峰寺即位于高耸的山峰之侧。民国初年,福建省佛教协会在闽南设"漳泉汀龙永"分会,公推南安雪峰佛化和尚为会长。近代多位佛教高僧曾会集该寺,留有诗文墨宝。

1939年冬,年届五旬的弘一法师应泉州开元寺慈儿院院长叶青眼之请来到泉州,随后便住在南安小雪峰寺度岁除。在弘一的人生中,这是一个非同寻常的春节。在这新春佳节之际,一生致力于中国佛教改革与复兴的太虚法师也来到小雪峰寺。两位有着共同志向的高僧大德于此相见,他们不但在一起过年,还应诸法师之请共同创作了经典名作——《三宝歌》。

太虚法师俗姓吕,出家后法名惟心,号太虚。浙江桐乡人。太虚毕生推动佛教改革运动,主张改革僧制,培育僧才,提倡"人间佛教"。他精研佛理,写下了大量的佛学论著,是中国佛教现代化的先驱,被尊称为"人间佛教导师"。

弘一和太虚生活于近代世界动荡不安、中国佛教积弊丛生之时。在这种时代背景下，两位法师分别走上了不同的兴教救国的道路。他们最早于何时、因何因缘相识已经无从查考，但是两位法师总是惺惺相惜、互相支持。从20世纪早期太虚倡导人间佛教思想开始，弘一就给予了诸多理解和支持，而在戒律重建、僧伽教育等方面，两人又存在诸多契合点。

《三宝歌》

此次两位法师巧遇于小雪峰寺共度春节，快慰不已。其间，弘一写下了"正衣冠，尊瞻视，寡言辞，慎行动"数语。太虚对这些日子更是念念不忘。

据一些文献记载，《三宝歌》由擅于音律的弘一谱曲，太虚依曲作词。两位法师精彩的合作，实可谓因缘殊胜、珠联璧合。《三宝歌》全曲24小节，徐缓从容、自然流畅而又方整规范。三段歌词，各有归旨。有人说，《三宝歌》是中国历史上第一首现代梵呗，同时也是对古代梵呗的一次划时代的革新。《三宝歌》的音乐体现出弘一法师整个精神和艺术境界在宗教上的体悟和升华。出家后，虽然个人生活环境改变了，但他那爱国忧民之心并没有变，而是贯串了他的一生。皈信佛门之后，他的忧患意识就从宗教观念中找到了契合点，以一种虔诚的奉献之心，自然而然地在音乐中呈现出来。

1935年弘一法师在惠安科峰寺与道友合影

《三宝歌》不仅是佛教文化的精华,也为中国文坛艺坛留下一段佳话。它一经创作,即成了当时泉州慈儿院儿童早晚礼佛时的赞歌。印顺《太虚法师年谱》载:"(太虚)大师作《三宝歌》,时弘一住南寺,为之作谱。其歌曲颇为流行。"时值弘一年届五十,太虚特别为此作偈相赠:"圣教照心,佛律严身。内外清静,菩提之因。"过了十年,到弘一六十华诞时,太虚又重书此偈相赠。在南普陀五老峰上的太虚法师纪念碑上,刻着弘一所书的华严经偈:"当令众生喜,能报大师恩。"这或许是弘一法师对太虚法师在那一年的春节于小雪峰所赠偈赞的最后回应吧。

江山如画日西斜

——《喝火令》赠友人

故国鸣鹈鴂,垂杨有暮鸦。江山如画日西斜。新月撩人,窥入碧窗纱。

陌上青青草,楼头艳艳花。洛阳儿女学琵琶。不管冬青一树属谁家,不管冬青树底影事一些些。

李叔同的这首《喝火令》作于 1906 年在日本留学期间。这年 7 月,李叔同正式考取正木直彦主持的东京美术学校西画科。入校前返津一次,其间写有《喝火令》《醉时》和《初梦》。《喝火令》的主题是"哀民心之死也"。这一词牌由宋人黄庭坚首创,见《山谷词》,上片三押平韵,二十八字,下片三十七字,四押平韵。李叔同此作和

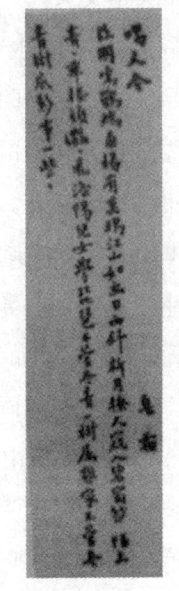

李叔同作《喝火令》

山谷之作句法有别。黄词后几句是:"晓也星稀,晓也月西沉,晓也雁行低度,不曾寄芳音。"或是叔同误记。

　　李叔同那次回津,目睹津市租界林立,民生凋敝,整个国家死气沉沉,触景生情,不吐不快。《喝火令》词用比兴手法,并化用古诗古事,托物言志,隐喻家国之痛,期望之切。鹎鵊,俗称杜鹃。屈原以为杜鹃鸣声是春暮之标志。《离骚》有"恐鹈鴂之先鸣兮,使夫百草为之不芳"之句,意思是说,人们都不愿意听到杜鹃的鸣叫,如果杜鹃"先鸣",那是春天将暮、百花盛开的美好时光逝去之兆。古人又多以乌鸦喻刺小人乱政。"故国鸣鹎鵊,垂杨有暮鸦",是指内有国贼民蠹横行无忌,外有帝国主义入侵。既有鹃鸣花落,又有垂杨暮鸦,江山虽美,日已西斜,国家的前途,令人担忧。

　　《喝火令》一词还运用了乾隆年间著名文学家、戏曲作家蒋士铨的名作《冬青树》之典,流露出李叔同的另一种心境。《冬青树》描写了南宋末年文天祥、谢枋得等人殉难的故事,突出体现了"岁寒然后知松柏之后凋"的主旨,有强烈的爱国意识。《庄子·田子方》云:"哀莫大于心死。"这一时期的李叔同,在"哀"自己身世心绪的同时,还有一种"哀"故国河山的悲壮情怀。也许,这种情怀的潜在思想内核就是"救世必先救心"。

　　1915年,李叔同的老友、时任北京国立高等师范学校校长的陈宝泉赴杭州,在烟霞洞与在杭州从事艺术教育事业的李叔同相遇。陈宝泉见这位当年的"翩翩浊世佳公子""一变昔日矜持之态,谦恭而和易",于是约李叔同北上任高等师范教授,李只是笑而应之。等到陈北归后,李复书谢绝,不久即入空门。

　　李叔同与陈宝泉相晤时,李特将自己的诗作抄录下来,赠予旧友,即前面的那首《喝火令》。这或许是在向旧友倾诉他内心的积郁和悲愤,表达自己忧国忧民的一腔情怀,以沟通两人的思想感情。

　　后来,陈宝泉专写《忆旧》一文记录此事。文中说:

李叔同君,晓(按:筱)楼先生之季子,与予为世交。少年倜傥,精文翰,擅书法,所谓翩翩浊世佳公子也。及冠游学日本,习美术、书画、音乐,并臻绝诣。民国四年,予与遇于湖上之烟霞洞,乃一变昔日矜持之态,谦恭而和易。予力约其北来任高等师范教授,但笑应之。及予北归,旋得复书谢绝。未几,闻已入空门矣。盖愤世之极,不得已,但了自性,其遇亦可悲矣。

书写格言和偈语

"君子之交,其淡如水。执象而求,咫尺千里。问余何适,廓而忘言。华枝春满,天心月圆。"这是弘一大师李叔同的临终遗偈。

在中国近百年文化发展史中,李叔同是学界公认的通才和奇才。他首将西方油画、钢琴、话剧引入我国,且以擅书法、工诗词、通丹青、达音律、精金石、善演艺而驰名于世,更以重兴湮没700余年的南山律宗而为佛学界奉为一代宗师。他一生创作了大量的诗词歌赋,为后世留下了无数艺术瑰宝。而在其中,他书写的格言、偈语则不仅在书法艺术上达到蕴藉和谐、潇洒自如、大智若愚、大巧若拙的至高境界,且其寓意亦是至大至深、精妙质朴,令世人赞叹折服,堪称具有双重价值的艺术珍品。

弘一大师的格言、偈语,或为自作,或出自佛教经典,或出自《格言联璧》等古籍,或取之于先人之言,皆精诚、庄严、自律,展现了一代哲人的深邃思想和崇高追求,有的虽属宗教内容或只言片语,却具有很深的意境和很强的教育意味。"从前种种譬如昨日死,从后种种譬如今日生",是说对己不要总纠缠于过去的所作所为,一切向前看,建立起积极豁达的人生观。"临事须替别人想,论人先将自己想;无事时戒一偷字,有事时戒一乱字"。"以恕己之心恕人则全交,以责人之心责己则寡过;衰后罪孽都是盛时作的,老年疾病都是壮年招的"。都是劝诫人们凡事要替别人着想,在处理个人同他人的关系时,不可一味指责他人,要严于律己,宽以待人,出现过错首先检查自己,闲时不可惰,忙时要稳重,平日要注重个人道德修养,且保持健康的体魄。

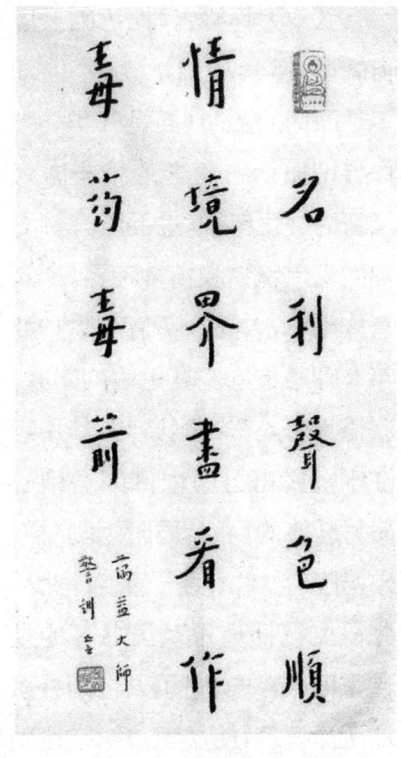

弘一大师书蕅益大师警训

　　弘一大师创作的格言、联语,既蕴含深刻的人生哲理,又教人如何做人,既倡导人品上的修炼,又向人提供处世的方法。"有才而性缓定属大才,有智而气和斯为大智",点出了"才"与"性缓"、"智"与"气和"的关系,读来发人深省。"立志要苦,意趣要乐,气度要宏,言动要谨。""一动于欲,欲迷则昏;一任乎气,气偏则戾。"深妙机警,实为宝贵的人生经验。"静能制动,沉能制浮;宽能制偏,缓能制急。人好刚,我以柔胜之;人用术,我以诚感之。""有作用者,器宇定是不凡;有智慧者,才情决然不露。在事者当置身利害之外,建言者当设身利害之中。"以仁者的理想情怀、智者的洞烛眼光论治世之本和观人之术,不仅对为人具有启迪意义和警示作用,而且给人以立身的智慧和信心。

弘一大师格言、偈语固然出自儒学、道学和佛学之中,但却不是原话的翻版,而是升华——作者把原话所蕴含的精华融入了新的文化精神,进而上升到更高的人生境界和精神境界。"天意怜幽草,人间重晚晴",是1942年大师赠予挚友夏丏尊的集联。联语集唐人李商隐诗句,其用意在于袒露自己皈依佛门后精心研讨教律的决心,同时勉励对方珍惜晚年。"不经一番寒彻骨,怎得梅花扑鼻香",虽书写的是佛家偈语,却道出了人世间朴素的生活哲理,使儒学与律宗达到

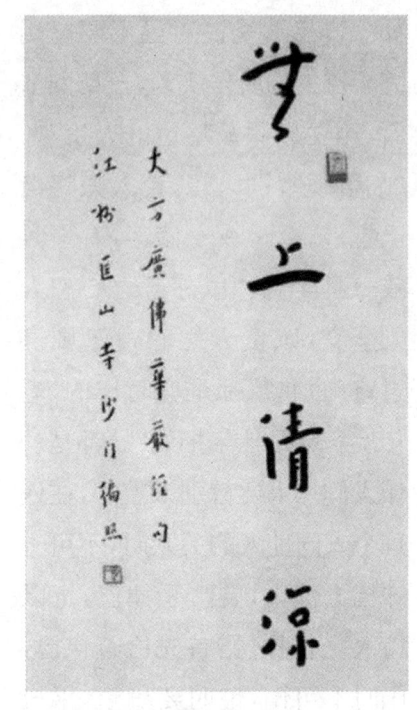

弘一大师书华严经句

完美结合。"自净其心有若光风霁月,他山之石厥惟益友明师",是弘一56岁时书写的龙门对。"光风霁月"是成语,其本意是指雨过天晴时风清月朗的明净,比喻人的品格高尚,胸襟开阔。"他山之石"出自《诗经·小雅·鹤鸣》。《鹤鸣》有"他山之石,可以为错""他山之石,可以攻玉"之句,实指别国的贤人。作者将这些统统用于自己的联语中,天衣无缝而又别出己意,中国思想文化的精华已经"化"入(而不是"嵌"入)其作品的内里。

"都云行者痴,谁解其中味!看似远山苍茫,飘然一叶,内心却燃一团火。"弘一大师之言之所以闪耀着真善美的光辉,其根本在于作者崇高的道德观念和完整的独立人格。今天,我们再次领略大师那言近旨远、见解独特的格言、偈语时,对李叔同那高尚的爱国情操、严格自律的过人意志、纯净如水的澄澈心灵有了更深的认识。面对当

今纷繁的社会生活,大师的嘉言懿行不正是对我们的一种净化、为我们送来的一股清凉吗?

1936年弘一大师
（摄于厦门日光岩）

笔名、室名、猫和"老鸭事件"

李叔同的笔名和室名

李叔同的名号甚多。他幼名成蹊,学名文涛,字叔同。在天津时常用名号即有漱筒、广平、广侯等数个。其母病逝,25岁的李叔同悲痛至极,葬母后易名李哀,字哀公。留学日本时,名岸,又叫李息,字息霜,又字息翁。37岁出家前二年改名欣,字俶同,号欣欣道人,旋又名婴。出家后,法名演音,号弘一。其弟子刘质平曾列李叔同的笔名有智身、胜力等共约二百个。后来又有人补充,说还有弘裔、性空、无畏、善梦、南社旧侣、大心凡夫、二一老人等数十个。

李叔同的室名亦有不少,如城南草堂、晚晴室、晚晴山房、银洞草庵、醺纨阁、旭光室、殉教堂等。"城南草堂"为他从天津到上海后,寄居于许幻园城南草堂时借用之室名。"晚晴山房"为1928年11月,丰子恺、夏丏尊等为其在浙江上虞白马湖畔买地所建屋,李因喜唐人李商隐诗句"人间重晚晴",遂以为名。"殉教室"为其在福建厦门的居处,时卢沟桥事变,他表示将以流血来殉教,故名。他曾以"晚晴室"为其方丈室,自云:"犹如夕阳,殷红绚彩,随即西沉。"1942年10月13日,大师在泉州的一所简陋的房子里圆寂,这儿正是温陵养老院内的晚晴室。

李叔同爱猫

李叔同对猫有特殊的感情。他从十几岁就喜欢养猫,养了许多只,并且是敬猫如敬人,到日本东京留学时仍然惦记着家中的猫。有一次他忽然从日本拍来一封电报,询问他在天津家中蓄养的那些猫是否平安。

《护生画集》

出家后,他在社会大力提倡护生戒杀,爱护动物。从1929年起他和他的弟子丰子恺共同创集的《护生画集》,被公认为是一部图文并茂、诗趣盎然、寓意深邃的著作。《护生画集》中即有猫的内容。丰子恺画了一幅画,题为《被弃的小猫》,画面上,小桥旁,大树下,一只小猫可怜兮兮地望着一位女子,那女子挎着篮子回过头瞧着那只被抛弃的小猫,煞是令人心酸。弘一大师题字曰:"有一小猫,被弃桥西。饿寒所迫,终日哀啼。犹似小儿,战区流离。无家可归,彷徨路歧。伊谁见怜,援手提携。"这是在抗战初期,大师将国人的境地和小猫的遭遇连在一起。有人说李叔同"爱猫成癖""性情特殊",其实他的这种"性情"所体现的正是一种人性中的大爱。

"老鸭事件"

1927年秋后,弘一大师来到上海,在丰子恺家里一住就是一个月。丰子恺每天到市内上课,必经李圆净居士家。一天,丰子恺告诉弘一,他画了两张戒杀漫画,李圆净看了,鼓励他多画些,说以后可以拿去出版。弘一大师很高兴地说:"这设想不错,是一件很有功德的事呢!请他来商量如何?"子恺见恩师首肯,便请李居士到家。三人研究后分工,由子恺画,大师写字,李居士负责印刷、出版和发行。

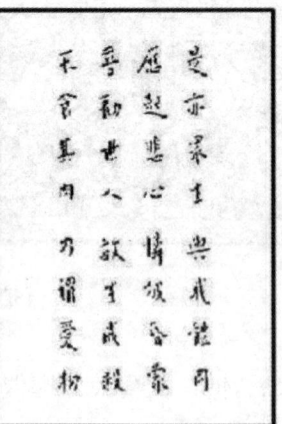

弘一题偈　丰子恺作画

编绘《护生画集》是一件弘扬仁爱、劝人从善戒杀的事。弘一大师回温州后,丰子恺画好画寄往温州征求意见,或大师写好文字给丰子恺画,二人书信频频往来。大师对画集的立意、题材、编排等提出了许多建议。

《护生画集》第一集 50 幅画,全部由弘一大师配文并书写,第二集 60 幅配文由弘一大师书写。大师在配文中,从各个方面、各个角度,苦口婆心地劝导人们保护动物,与大自然和谐共处,极力唤起世人的仁爱之心。大师特为《护生画集》题偈曰:"我依画意,为白话诗。意在导俗,不尚文词。普愿众生,承斯功德。同发菩提,往生乐园。"

丰子恺画作

1928 年底,弘一大师与其弟子丰子恺编绘《护生画集》时曾遇到一"老鸭事件"。所谓"老鸭事件",指的是弘一大师在渡船上看见一只老鸭被关在笼中,并听说这只老鸭是要被送到乡间杀了后给病人补养身体的。弘一大师见这老鸭实在很可怜,而且还将遭受杀戮之苦,就请船主代为向鸭主人求情,最后以钱款将老鸭赎出,随身携带而归。有感于此,弘一大师要求丰子恺在《护生画集》里补入一幅老鸭图。弘一大师为此画配的诗是:"罪恶第一为杀,天地大德曰生。老鸭札札,延颈哀鸣。我为赎归,畜于灵囿。功德回施群生,愿悉无病长寿。"

1942年弘一大师圆寂后,丰子恺在几十年的时间里,牢记大师的心愿,如期完成了《护生画集》第三、四、五、六各集。

以联语劝善

有人说弘一是"以出世的精神做入世的事业"。皈依佛门的弘一大师始终关心国家与人民的命运,行善劝善,悲天悯人。"不为自己求安乐;但愿众生得离苦。""临事须替别人想;论人先将自己想"……这些联语警句不仅是大师的人生处世之本,他也以此劝诫世人:处处为他人着想,时时以慈悲为怀。

1935年春,弘一由泉州到净峰驻锡,至10月底离去。传说净峰是李铁拐的故乡。

1937年5月弘一大师由厦门出发赴青岛讲律 (摄于太原轮)

李铁拐是怎么成仙的呢？原来李是个孝子，背他老母亲到净峰奉养，照顾其母无微不至。一天他为母亲做饭，柴火不够，竟用脚伸进火膛权作柴火，由此落下残疾，号称"李铁拐"。后因积德功高，羽化成仙，并在净峰西北石门上留下足迹。弘一大师得知这件传闻后，感叹不已，特为供奉李铁拐的仙祖庙题写一副对联："是真仙灵，为佛门做大护法；殊胜境界，集僧众建新道场。"

请李铁拐"为佛门做大护法"，反映了大师的气魄；"集僧众建新道场"，反映大师弘扬佛法的不懈精神。从这副对联中既能看出弘一大师作为出家人的仁孝之心，也可看出大师对民间美好信仰及对道家思想的包容。

弘一大师常用楹联这种形式，作为劝人为善的巧妙手段。大师在闽南时，晋江有位医生叫杜培材，设有安人诊疗所。此人医道高明，但索价昂贵，病人时有怨言。杜对弘一大师仰慕已久，早想一承謦欬。1941年秋，他得知弘一驻锡本地福林寺，前来拜谒，弘一为他书写一偈作为留念。1942年春天，弘一也听说了杜培材收费高昂的事，便将平时佛门和诸善信供养的名贵药品托人赠予杜氏，嘱其普施劳苦病人，同时撰写一联相赠："安宁万邦，正需良药；人我一相，乃谓大慈。"以"安人"二字冠头，暗示其培养医德。杜培材接到对联和药品，深为弘一大师的高尚品德所感动，也意会到了大师的婉言劝告，致信大师说，定要效大师慈悲众生的婆心，真正地把关怀民瘼的精神培植起来。

弘一大师赠予杜培材的这副对联，其主旨在于大慈大爱，所倡导的是以善良的爱心去行善。有人说：善良是人性中蕴藏着的一种最柔软，但同时又是最有力量的情愫。有了善心，当教师的全身心地教书育人，当医生的以救死扶伤为天职。弘一大师曾言：为善最乐。善，犹如泥土使万物生长，它丰富了人类的精神世界，提升了人性的高度。从善良人身上，人们感觉到温暖，体会到生命的美丽和灿烂。

以联语劝善

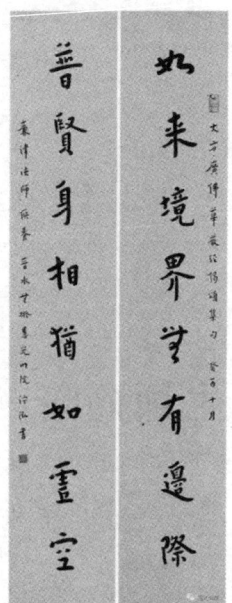

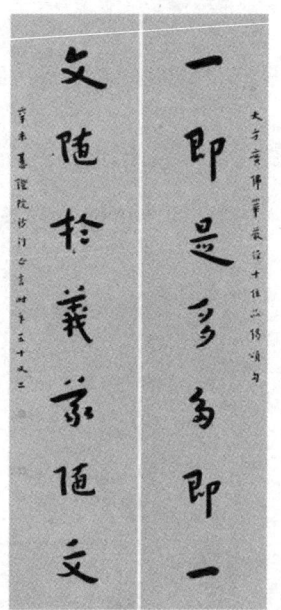

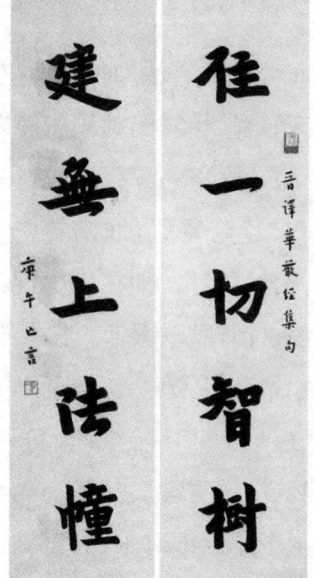

《华严经》集联

悉灭众生烦恼暗

——为赵元礼师集句

弘一大师对联语有浓厚的兴趣,且有较高的鉴赏和创作能力。他自晋、唐二译《华严经》偈颂和唐般若译《华严经普贤行愿品》偈颂中,各集100联,并一一书写,编成《华严集联三百》,联文大都"依上句而为次第","字音平仄,惟调句末一字,余字不论",除个别联语,"一联之中,无有复字"。他在序中说:"割裂经文,集为联句,本非所宜。今循道侣之请,勉以缀辑。其中不失经文原意者虽亦有之,而因二句集合,遂致变易经意者颇复不鲜。战兢悚惕,一言三复,竭其驽力,冀以无大过耳。兹事险难,害多利少。寄语后贤,毋再赓续。偶一不慎,便成谤法之重咎矣。"弘一大师虽说得如此谨慎,但这些《华严经》集联,半个多世纪以来,一直被佛学界与书坛看作其佛学著作的代表和书法精品之一。

"悉灭众生烦恼暗,恒涂净戒真实香"便是《华严经》的一副集联,是弘一大师书赠旧师赵元礼的。

19世纪末,天津聚集着一批思想开明、多才多艺的学者文人。在这些人中,严范孙、周啸麟、王仁安、孟广慧、姚品侯、王吟笙、姚召臣、冯玉夫、曹幼占等,不是李家的亲戚、邻居,就是李叔同的至交、学友。不满20岁的李叔同"转益多师",善于从他们中的每一个人身上汲取知识营养,不断拓展自己的才艺和视野。并且,受到西学东进风气的影响,李叔同在学习传统文化的同时,也开始钻研算学和外文。此外,他还做过票友,练过京剧的唱腔和武功。

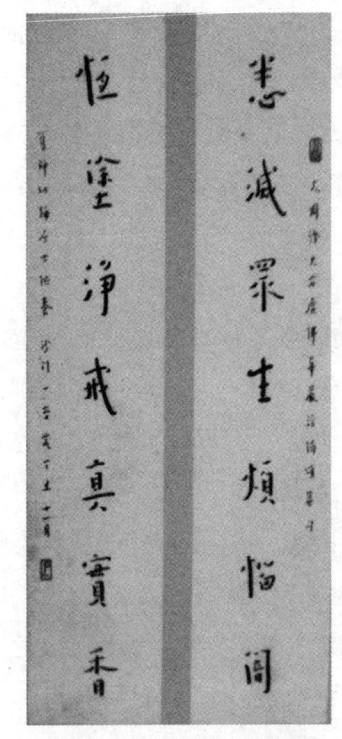

弘一大师为旧师赵元礼书华严经集句

在天津的士林名流中,李叔同与赵元礼的关系尤为密切。赵元礼,字体仁,又字幼梅。因排行第五,乡人称他为"赵五爷"。赵是位饱学之士,早年在天津鼓楼东大街"世进士第"姚家教家馆。李叔同的二嫂姚氏是这姚家的"姑奶奶",因此叔同常去姚家,并从16岁起就向赵元礼学习古典诗词。赵诗学苏东坡,其"诗格老而理境深",著有多部诗集及诗话、随

赵元礼

笔等。他教叔同学诗,以苏诗相授,兼及晚唐诗,由唐入宋。叔同最喜读唐、五代诗词,尤爱王维诗和苏东坡词、辛稼轩词。东坡好以禅语入诗,又多豪纵清雄之语,这对李叔同诗词风格影响尤深。赵元礼虽善诗,却不善填词,然叔同填词却能从苏诗中窥东坡之堂奥,长调与小令兼擅,这一点比赵老先生又高出一筹。

李叔同离津后一直与赵元礼保持联系。1901年李叔同从上海北上天津又与乃师会面。回到上海,他将二三月间北上探亲的经历与所见,以日记体写成《辛丑北征泪墨》。将诗词另行辑出,寄给天津的赵元礼先生,先生为之题词,其中"与子期年长别离,乱后握手心神怡"之句,足可窥见师生对世事体味之深。

这副赠赵元礼联写于1937年,其时师生已多年未曾谋面,且叔同早已出家为僧,旧师在俗。但从此联中仍可看出师生的情分和大师对赵先生的敬重。

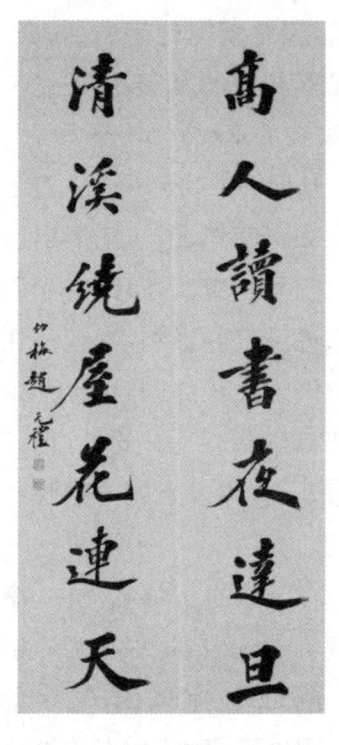

赵元礼书联

此联虽出自佛经,却蕴含着深刻的人生哲理。应该说,佛法往往从其自身独特的视角阐视对世界的理解、对人生的参悟。自佛法之诞,时光流逝两千五百多年,今人与古人所面临的人生难题在本质上并未改变。在世事艰难的人生旅程中,我们脆弱的心灵常常遇到苦和累的缠缚。"悉灭众生烦恼暗,恒涂净戒真实香",听起来不好理解,其意思无非是断除人世间的一切烦恼和黑暗,离除一切尘垢污染,进而进入一个"净戒真实"的圆满境界。弘一大师以光明象征智慧。光明使人看清眼前的形形色色，使我们在人生的道路上做出正确的抉择。从这个角度上看，从赵元礼和弘一所面临的人生课题上来追索，此联也恰恰是师生二人心灵的一次沟通。

会心当处即是

——为印月长老撰

1930年正月,印月长老将归厦门虎溪岩,51岁的弘一大师以长老法号"会泉"二字撰冠头联并手书赠之。联语是:"会心当处即是,泉水在山乃清。"联上复加题记云:"印月法师归卧虎溪,书此呈之。后学月臂,时庚午居丰州。"虎溪,即厦门虎溪岩。丰州,泉州南安县古称。月臂,弘一的一个号。

印月名明性,字会泉,以字行,印月为其别号,是厦门南普陀寺第一任十方选贤丛林住

1941年弘一大师在福建泉州留影

持。印月法师是闽南佛教界的前辈。弘一大师有位极有学养的高足性常法师,早年便从印月法师问学。弘一之徒广义法师,曾于泉州承天寺及厦门万石岩,从性愿、印月二法师受教。弘一大师为印月法师撰写此联时对方已退居,可见大师对长老的敬重。

弘一大师也曾为其他佛教界的老人呈献对联。转道和尚乃闽南佛教界耆宿,时居新加坡,兼任泉州开元寺住持,建树甚多。有人告诉弘一,老和尚转道正度七旬大寿,他随即提笔撰寿联云:"老圃秋残,犹有黄花标晚节;澄潭影现,仰观皓月镇中天。"请人给转道和尚呈上。写这副联语时,弘一大师已六十又二,离其圆寂仅有半年多时光。

弘一大师对前辈的尊重体现在他的一言一行中。据大师的弟子黄福海说,他和大师去照相馆照相,走着走着大师忽然步履转慢,黄抬头看见前面远远走着个矮和尚,大师指着他的背影,低微着声音说:"这位就是承天寺的大和尚,他岁数比我大,出家比我早,是佛门的老前辈,我这时要慢一些走,不能走到他的前头。"

"会心当处即是,泉水在山乃清。""会心当处"乃道家理念,有"保有天真本性就能随地和物同乐"之意。联语借用道家这种"适意"的思想,又融以佛家"以静制动静思养心"的观念,使人耳目一新。以"会泉"法号分嵌第一字,也表现出大师的奇思妙想及深厚的艺术功力。其高远的意境,深刻的内涵,给人留下难以磨灭的印象。20世纪60年代,南普陀寺为会泉法师建造石塔,有意将塔址造在一泓泉水之旁,并将弘一大师所书联语镌刻在塔前的护栏上。泉水、联语,相映成趣。人们来到这里,顿觉高妙清凉,禅意盎然。

弘一大师书写的警训

见性　明心

——写给童子李芳远

"见性,明心"是佛家语,弘一大师将其书写为一副仅有四个字的短联。此联系用刚劲优雅的小篆所书,是弘一大师1940年夏天书赠永春童子李芳远的。联上书有跋语曰:"岁次寿星暑初,居毗湖普济山中,养疴习静,书此以奉芳远童子。老病颓唐,无所工也。善梦,时年六十有一。"善梦为弘一大师之别号。7月22日,大师在致李芳远的信中还提到"近拟埋光埋名,遁世终老"。这幅无法再短的篆联,却记录了弘一大师与童子李芳远的一段耐人寻味的佳话。

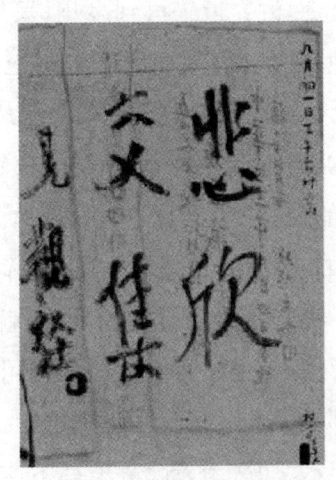

弘一大师临终前所书

李芳远是闽南永春县人,生于1924年,逝于1981年,是古典文学研究家、诗人、书法家,出身于书香门第。1936年6月,弘一大师驻锡于厦门鼓浪屿的日光岩寺。夏季的一天,当时只有13岁的李芳远随父亲到日光岩寺拜谒大师,甚是虔诚。大师十分喜爱这个面目清秀、少年好学的童子。二人自此建立了深厚的道缘。

　　弘一大师一向埋名遁迹。1938年冬初,大师在住泉州承天寺时,破例为泉州人说了许多法,写了许多字,甚至会了几次客,赴了几次斋……报上披露了这些不寻常的新闻,各方都为大师肯于广结法缘而感到欢欣。就在这时,大师收到芳远寄来的一封长信,信中列举报载有关大师近来忙于与世俗酬酢的情形,末了说大师变成一个"应酬和尚"了,劝请大师闭门静修。弘一大师看后,十分感动,立即复信:"惠书诵悉。至用惭惶!自明日起,当即遵命,闭门静修,摒弃一切。"1939年1月4日,大师在承天寺佛教养正院同学会上讲演,表示了忏悔,说:"近来再到泉州,虽然时常起一种恐惧厌离的心,但是仍不免向这一条名闻利养的路上前进。可是近来也有一件可庆幸的事,因为我近来得到永春十五岁小孩子的一封信。他劝我以后不可常常宴会,要养静用功;信中又说起他近来的生活,如吟诗、赏月、看花、静坐等,洋洋千言的一封信。啊!他是一个十五岁的小孩子,竟有如此高尚的思想,正当的见解。我看到他这一封信,真是惭愧万分了。我自从得到他的信以后,就以十分坚决的心,谢绝宴会,虽然得罪了别人,也不管他。这个也可算是近来一件可庆幸的事了。"而后大师便到泉州城郊清源山一个山洞中静居了30余日方回承天寺。次年,大师又为芳远童子写下这幅"见性,明心"的篆联,并写信给李芳远,这更表现了大师"埋光埋名"的诚心和严于律己、宽以待人的高尚品格。

　　"静查己过,勿论人非",是弘一大师的一贯思想。惠能宣扬"佛性本有,觉悟无须外求",认为只要"主观觉悟"、"明心见性",就能在死后"成佛"。"见性,明心"就是提倡一种检点、磊落的精神,告诫人们要常怀自省之心,检讨自己的过失。在现代社会,"见性,明心","静查己过",已经是一个有责任的现代人所必备的品质。年过半百的一代高僧,诚意接受一个 15 岁童子的批评,表现了弘一大师的高风磊落。

附：李叔同与城南诗社社友的诗词往还

近代新文化运动先驱者李叔同，于书法、金石、绘画、音乐、戏剧、佛学无所不窥，无所不通。他对诗词歌赋亦是窥其堂奥，造诣非凡，堪称一代大家。且时有唱和之作，文思流畅，下笔快捷，令人惊叹不已。笔者在研究李叔同和天津城南诗社关系时，从《弘一大师全集》《王仁安集》《退思斋诗文存》《城南诗社集》《转蓬集》等典籍以及知情者处觅得李叔同写给城南诗社社友和社友写给（或记述）李叔同的诗词若干。今录其中几首，略加点评，或可看出城南诗社在弘一大师李叔同心中的地位，并由此探寻李叔同与城南诗社诸社友非同一般的关系。

一、与赵元礼

赵元礼（1868—1939），字体仁，又字幼梅，号藏斋，天津人。因排行第五，乡人称他为"赵五爷"。赵为饱学之士，早年在天津鼓楼东大街"世进士第"姚家教家馆。李叔同的二嫂姚氏是姚家的"姑奶奶"，因此李叔同常去姚家，并从16岁起向赵元礼学习传统文化和古典

天津城南诗社部分成员合影图

诗词。

李叔同对赵元礼十分敬重,多年保持联系。1901年,他自上海回津,拟赴河南探视其兄,因道途阻隔,未能与其兄相晤。此间,在短短的半个月内,他几次看望赵先生,在其《辛丑北征泪墨》一文中还记有此事(《弘一大师全集》第八集"杂著卷")。李叔同回到上海,又将《辛丑北征泪墨》中的诗词另行辑出,寄给远在天津的赵元礼先生。赵对李叔同这位弟子颇为赏识,获读后,特作《辛丑北征泪墨题词》:

神鞭鞭日驹轮驰,昨犹绿发今日须。景光爱惜恒欷歔,翊值红羊遭劫时。与子期年常别离,乱后握手心神怡。又从邮筒寄此词,是泪是墨何淋漓。雨窗展诵涕泗垂,檐滴声声如唱随,呜呼吾意俦谁知!

李叔同出家后,还曾寄给赵先生小联一副,上款题"幼梅旧师",足见师生之谊。

二、与王守恂

王守恂(1865—1936),字仁安,又字讱庵,晚署拙老人。天津人。清光绪二十四年(1898)进士,近代天津知名学者和诗人,有《王仁安集》《天津政俗沿革记》等行世。他是清代学者范当世(字肯堂)的弟子。早年即负有诗名,学问文章亦见重于时,晚年与严修等组织城南诗社和崇化学会。

早在青年时代,李叔同便曾去王守恂家请教。李在浙江省立第一师范学校任教时,王在杭州任浙江钱塘道尹。旧情和乡谊将二人的心连在了一起。李对王以"先生"和"讱庵仁者"称呼,称自己为王守恂的"门人戚子",还曾以贺年明信片相赠,并"制印呈清赏"(《弘一大师全集》第八集"书信卷")。1917年初春和1918年旧历二月,他曾先后两次致函王守恂,这两年正是李叔同酝酿正式出家为僧的年月。

李在第一封信函中说:

> 屡惠大著,谢谢。友人颇有愿读者,能多惠一二份否?新历正月卅日入西湖虎跑寺习静,二月底返校,公暇能来寺一谭否?

李在第二封信函中说:

> 二月初五为先慈十三周忌日,先期入大慈山诵经,初七出山,十一天晴,拟谒左右。

作为至好,王守恂在与李叔同的频繁来往中获知李叔同从"请问佛事"到正式出家为僧的全部经过,而且还亲临了李叔同的受戒仪式。王守恂在自己的诗文中也记述了他与李叔同在杭州的交往,以及对李出家前后之所见。他在笔记中记曰:

> 晤天津李叔同,清癯绝俗,饱尝世味,已在剥肤存液之时,自愧不如。吾乡静士刘竺生之外,又得叔同,喜慰万状。

这是李叔同出家前一年即1917年习静听法之情景。次年,王守恂在《虎跑寺赴李叔同得往返得诗二首》中写道:

> 步步弯环步步奇,常愁路有不通时。却怜叠嶂层峦处,一曲

羊肠到始知!

　　兴来寻友坐深山,竹院逢僧半日闲。归到清波门外路,又将尘梦落人间。

记载如此之详,感受如此之深,王对李的关心是不言而喻的。

三、与陈宝泉

陈宝泉(1874—1937),字筱庄。天津人。曾留学日本宏文书院,民初任北京高等师范学校校长、直隶省教育厅厅长,与严修、黄炎培等同为近代教育家。著有《退思斋诗文存》,又曾与胡适、陶行知合著《中国近代学制变迁史》。

李叔同与陈宝泉有世交之谊,两人早有来往。1915 年,陈宝泉赴杭州,在烟霞洞与在杭从事西洋艺术教育的李叔同相遇。陈宝泉见这位当年的"翩翩浊世佳公子""一变昔日矜持之态,谦恭而和易",于是约李叔同北上任高等师范教授,李只是笑而应之。等到陈北归后,李复信谢绝,不久即入空门。

李叔同与陈宝泉相晤时,李特将 1906 年 8 月作于天津的《喝火令》抄录下来,赠予旧友陈宝泉,以表怀故之情:

　　故园鸣鹈鴂,垂柳有暮鸦。江山如画日西斜。新月撩人,窥入碧窗纱。

　　陌上青青草,楼头艳艳花。洛阳儿女学琵琶,不管冬青一树属谁家,不管冬青树底影事一些些。

陈宝泉对李叔同也很怀念。事后专写《忆旧》一文记录此事,对李的举动表示理解,后将此文收入《退思斋文存·叙记类》之中。文中说:

　　李叔同君,晓楼先生之季子,与予为世交。少年倜傥,精文翰,擅书法,所谓翩翩浊世佳公子也。及冠游学日本,习美术、书画、音乐,并臻绝诣。民国四年,予与遇于湖上之烟霞洞,乃一变昔日矜持之态,谦恭而和易。予力约其北来任高等师范教授,但笑应之。及予北归,旋得复书谢绝。未几,闻已入空门矣。盖愤世之极,不得已,但了自性,其遇亦可悲矣。

尽管李叔同未和陈宝泉走在一起,但他们的教育思想和美学观点非但不相互背离,反而存在许多共同点。陈宝泉提倡"学校之朝会、周会可用优美的音乐、名人的演讲以唤起学生高尚纯洁之思想"(《教师与信仰》);李叔同则极力倡导美育教育,主张以美来改造国民性,让美作用于人的灵魂。看来,陈、李二人的心还是相通的。

四、与陈哲甫

陈哲甫(1867—1948),1892年入天津县学,翌年中举人,1900年应聘严氏家塾,得习新学。1903年经严修推荐,与陈宝泉等共10人赴日本留学,入弘文书院习师范。归国后任直隶省学务处视学,并倡组天足会开通民智。数年后再赴日本考察教育。1912年陈宝泉任北京高等师范学校校长时,他应邀赴京任该校斋务长、庶务长兼教授,先后八年,并曾兼任北京贫儿院院长。后任燕京大学国文系主任兼教授八年。1927年前后返回天津,任汇文学校国文教员,同时在国学研究社讲授《周易》。陈哲甫不仅与李叔同相知相识,而且从津人王斗瞻写的《陈哲甫教授事迹》推测,二人还可能有亲戚关系。

1915年,正在浙江省第一师范学校任教的李叔同创作了《送别》词,并以美国奥德威的曲子为配曲,成为脍炙人口的经典之作。词的内容是:

长亭外,古道边,芳草碧连天。晚风拂柳笛声残,夕阳山外山。天之涯,地之角,知交半零落。一壶浊酒尽余欢,今宵别梦寒。

陈哲甫看到《送别》词后颇有感慨,遂为之续词:

长亭外,古道边,芳草碧连天。孤云一片雁声哀,日暮塞烟寒。伯劳东,飞燕西,与君长别离。把袂牵衣泪如雨,此情与谁语!

从时间上看,陈哲甫为《送别》所写的续词,应是他 1928 年后居津时所作。从续词的词意中,既可看出陈对故人李叔同的怀念,也可隐约窥知陈与李之间的关系。

五、与严修

严修(1860—1929),字范孙,号梦扶,著名教育家、学者,是革新封建教育、积极倡办民立学校、推进教育近代化的先行者。严修家与李叔同家均为天津大户人家,且为世交。论辈分,李叔同与严修是同辈。李叔同的父亲李世珍(字筱楼)和严修的父亲严克宽(字仁波)交往甚密,他们曾共同致力于慈善事业。王守恂《天津政俗沿革记》言及津门慈善团体时称:"光绪五年李世珍倡捐银五千两,严克宽、杨俊元、黄世熙、杨云章、李士铭等各捐银一千两",建立备济社,"由李世珍、严克宽董其事,其绅捐、船捐息款每届冬令提出三成,以济贫苦无告之民,其余七成留为荒年助赈之用"。严修后来在他一首诗的小注中特别提到,"先父及李丈筱楼倡办备济社"于"同光之交"(《严范孙先生古近体诗存稿》卷二),严、李两家的关系可见一斑。

李叔同对严修多以"乡前辈"相称,在津时常向严氏问业。这在严的日记中亦有提及。严在 1905 年李叔同母亲王氏病故后,还特地赶往李家参加李叔同为其母亲举行的追悼会。他还以诗歌表达自己对李叔同感触,这当是他们之间的一种诗词因缘。1919 年 5 月中旬,严修赴杭州参观访问,考察教育。《严修年谱》"1919 年 5 月 13 日"条中称:

> 偕章馥亭游山,访清涟寺弘一和尚,俗名李叔同,故人也,谈甚久,以佛经要目一纸示余,劝余先读择要数种,并劝提倡孔教。别出,至冷泉亭下,徘徊久之,饭于曹氏别庄。有诗云:"笋舆行过复缘亭,千亩修篁一色青。忽觉翛然人意远,绿阴深处水泠泠。"

从行文语气上可看出,年谱中的这段文字应来自谱主日记中的记载。其所作绝句,不只是对当时所遇外在环境的具体描绘,也是他彼时彼地见过李叔同——弘一大师后内心反应的生动写照。

六、与陈中岳

陈中岳(1897—1965)，字嵩岩，一字诵洛。浙江绍兴人。久从严修游，城南唱和诸集，都可见其作品。他"作吏不废，味古能腴"，"独秀之誉，早布于江东"(赵元礼《蟫香馆别记序》)。南海吴寿贤在《转蓬集》跋中言："城南结社始自辛酉之春，诵洛以次冬入社，年为最少，韩信登坛，一军皆惊。严范孙、王仁安、赵幼梅诸君子竟目为清才。"

刊行于1932年的《转蓬集》是陈中岳的一部诗集(赵元礼题耑)。诗集中有一首《虎跑寺访弘一和尚不值，即李叔同也》，为五律，诗云：

  师友兼严赵，同依北斗尊(谓天津严范孙、赵幼梅)。时因二君语，忆到一家言。居近凤篁岭，秋高滴翠轩。阶前好泉水，勤与汲灵源。

从内容来看，此诗当写于李叔同刚刚出家之时，估计是在1918年。陈中岳和李叔同还有何具体交往，笔者不得而知，不过陈诗中的确道出了他们之间至少也是诗友、文友的关系。

七、与王新铭

王新铭(1870—1960)，字吟笙，天津人。清光绪丁酉(1897)科举人。1907年在天津东马路创办民立第四女子小学堂，为继严氏女校之后天津早期开办的女校之一。学堂1926年又经扩充，改为完全小学校。自建校起，王担任校长20余年，1929年调天津市教育局任职。王能诗，尤善联语，有《啸园楹联录》十卷传世。工书，喜篆刻，擅画山水。

王新铭长李叔同十岁。在李叔同青年时代，他们既是近邻，又是挚友。王之书画成就非同一般。其书法，擘窠字颇见功力，天津许多学校的匾额均出自他的手笔。山水画粗毫皴点，不拘成格，磅礴之气甚足。李与他早有金石书画之交，相互切磋，各有心得。李在青年时代还给王刻过数方图章，仅天津人民美术出版社出版的《李叔同印存》,就收入李为王镌刻的姓名印四方。

李对王的书画作品尤为珍惜。他有一幅落发出家前王赠给他的字扇,一直精心收藏。身居津城的王新铭也深深怀念远在他乡的李叔同。1939年李叔同六秩大寿,王撰写了一首长达32句的五言诗,倾诉两人青少年时代的友谊,申明他们对金石的共同嗜好和诗书渊源:

> 世与望衡居,凤好敦诗书。聪明匹冰雪,同侪逊不如。猥以十年长,谦谦兄视余。少即嗜金石,古篆书虫鱼。铁笔东汉字,寝馈于款识。唐有李阳冰,摹印树一帜。家法衍千年,得君益不坠。为我治一章,深情于此寄。忆自君南游,悠悠数十秋。树云思不已,岁月去如流。比闻君祝发,我发早离头。君为大法师,我犹浮生浮。老赓翰墨缘,远道寄楹联。经言开觉路,书法示真诠。笔墨俱入化,如参自在禅。装池张座右,生佛在吾前。

诗后附言:"辛巳春,小诗奉祝一音大法师无量寿,尚希郢政。吟笙王新铭拜草,时年七十有二。"(林子青《弘一法师年谱》)

八、与姚彤章

姚彤章,字品侯,号研曾,生于1874年,监生出身,工诗文,善书法。他是天津"世进士第"鼓楼东姚家后人,长芦纲总姚学源的长子,后过继于姚剑泉为嗣。清宣统年前后,曾宦游鲁西南。民国初年,任天津营务处承审。轰动津城的宫北大街春华银号大抢劫案,由他与朱承官审结,抢劫犯戴魁一被处决。1917年天津闹大水,他任河务局局长。后先后任职于唐山、青岛。

姚彤章年轻时,姚家请善书能诗、学识广博的赵元礼在其家教家馆。前文提到李叔同的二嫂是姚家的"姑奶奶",李叔同常去姚家,于是也拜赵元礼为师。同列赵元礼门下的自然也有姚彤章和他的弟弟姚彤诰,另外还有李鸿藻的三子李石曾和朱易谙(朱宪彝的父亲)等人。姚彤章比李叔同年长6岁,两人声趣相投,甚为要好,早年的诗风、书风也有某些相近之处。

李、姚二人交情深厚。李叔同皈依佛门后仍不忘旧情,1932年曾写信托其俗侄李麟玺将一部《梵网经》转赠给姚彤章。1941年春,姚彤章给在闽南的弘一大师寄去一首祝寿诗:

> 仙李盘根岁月真,千秋事业有传薪。残山剩水须珍贵,稽首慈云向永春。

诗中称赞弘一的才气和对佛学的贡献,表达了他对这位契友、高僧的祝福之情、誉美之意。

九、与孟广慧

孟广慧(1868—1941),字定生,号定僧,别号白云山人、君子泉等。祖籍安徽寿县,久居津门,家学渊源深厚。1898—1899年,他与王襄首先辨识、购藏并研究河南安阳出土的甲骨文字,善书,能博各家之长,为津门临写南帖北碑第一高手,与华世奎、严修、赵元礼合称"津门四大书法家",著有《两汉残石编》。

孟广慧比李叔同年长12岁,早年他们之间在金石书法上濡染相习,相互影响。笔者曾见李写给孟的一封信,信的全文是:

> 定哥足下,自违谈宴,渴想米积。遥维起居安善,餐卫佳胜甚休。荣行未及诣送,恧愧何如。俗政冗忙,劳人草草,疏略之咎,尚祈鉴谅。何幸合拍小影,已修作竣功,奉塵一副,察入是祷。朔风多厉,诸维珍重自爱。忽(匆)布福清,旅安不备,愚弟成蹊。

信后附小字曰:"再,此次因有挏包,故由信局转妥,以后来往信件印字邮局为妙。"

此信文辞古雅,书风典丽,虽然简短,但内中透露出了社会背景、李叔同与乡人的情缘及其与收信人孟广慧之间的特殊关系。

1936年端午节,孟广慧观弘一大师李叔同的几方印拓后,颇有感慨,追忆往事,赋诗以记:

江南话别酒家春,开卷无言忆故人。记得心心相印处,雪泥鸿爪认前因。

"心心相印"道出了两人同声相应、同气相求的友情与乡情,"雪泥鸿爪"实指昔日二人间的会面。孟在写此诗时,李叔山早已皈依佛门,成为一代宗师。孟广慧的诗句赞誉了李叔同在篆刻艺术上的造诣,同时也证实了当年李写给他的那封信之所指与所言。

十、与刘宝慈

刘宝慈(1873—1941),字扫云,号竹生,又号竺笙,晚年改号竺僧(表其因夫人病逝,誓不再娶之志)。天津人。他是天津最早的官立小学的创始人,担任小学校长长达 36 年,培养了数不胜数的人才,为天津基础教育事业的发展做出了重要贡献,是天津著名的教育家。

刘宝慈学识渊博,素擅词章、金石、舆地之学。他是李叔同青少年时代的好友,两人亦有同好。1899 年李叔同迁居上海,不久购得甘林瓦砚一方,此砚曾为纪晓岚所有,叔同甚为珍爱,乃以拓片广寄友人,遍征题诗。刘宝慈见后特赋诗一首,寄给远在上海的李叔同,赞李叔同风雅好古,称古砚之珍奇可赏。题诗曰:

甘泉壮百俯云旸,故宫开拓秦林光。西汉书家惜无考,渊源斯貌笔老苍。汾阴鼎没铜仙泣,剩有残瓦经风霜。后来篆法失古意,魏王铜雀齐香姜。河间尚书研苍雅,研坛索典凌班扬。四库书成纂总目,三千年事蔚文章。(此瓦砚有纪晓岚跋)当日词坛炳麟凤,苏斋金石相颉颃。芝英鹤头辨奇字,超轶魏晋追夏商。诸城相国有同调,砚材不取端溪良。(此瓦砚有刘墉跋)想见名流风骨峻,扫除俗好如秕糠。苏蹋清风久阒寂,铭辞完整松煤香。叔同先生矜刱获,剞笺手拓锦绨装。君丛莫徒珍倒薤,英雄磨尽心激昂。他年待草讨夷檄,捷书一夜陈庙堂。

结语

赵元礼、王守恂、陈宝泉、陈哲甫、严修、陈中岳、姚彤章、孟广慧、王新铭、刘宝慈均为城南诗社的重要成员,严修、王守恂、赵元礼等还是诗社发起者或主持人。他们与李叔同之间的诗词往还至少能说明以下三点:

第一,城南诗社是一个极有影响、极有品位的文学社团。王守恂曾为赵元礼所撰《神佑集》作序云:"吾乡提倡风雅,有张氏遂闲堂,查氏水西庄。张氏宾客如吴天章、赵秋谷;查氏宾客如厉樊榭、杭大宗,此康雍乾嘉时代名人之记载也。道咸时有梅花诗社及续梅花诗社,为梅树君(梅成栋及嗣子梅小树)先生先后主持。嗣杨香吟先生倡立消寒诗社。自是而后科举盛行,乡人从事帖括,风雅几至中绝。近年严范孙、赵幼梅同立城南诗社。范孙故后,幼梅继起,直至今日,人材之多,著述之盛,有加无已。"城南诗社成员的诗词水平在当时全国亦堪称一流。近人汪辟疆在《近代诗人述评》中评曰:"若天津严修、王守恂二家,并有诗名。范孙(严修)致力教育,诗非专长,游美诸篇,不失典雅。仁安诗学致力甚深,盖得力于通州(范肯堂)为多,其用意之作,亦复健举。诸家虽不与南皮(张之洞)、丰润(张佩纶)取径相同,然皆力崇雅正,不入纤秾,所造各有浅深,宗趣要无二致,读其诗者,可取证焉。"所谓"物以类聚,人以群分",严、王等人与李叔同的交往,反映出近代诗词大家对李叔同的尊重与认可,同时也反映出李叔同对城南诗社同仁的推崇与理解,亦可知城南诗社在那一代文化人心中的地位。

第二,李叔同深受天津地域文化的影响,其诗词创作从天津起步,与城南诗社一脉相承。李叔同在青少年时代,除了饱读经史子集和其他杂著,还自16岁起师从赵元礼学习古典诗词。赵元礼诗学东坡,津人王守恂称其"诗格老而理境深"。赵教李学诗亦以苏诗相授,兼及晚唐诗,由唐而入宋。李最喜读唐、五代诗词,尤爱王摩诘诗和苏词、辛词。东坡好以禅语入诗,又多豪纵清雄之语,这对李叔同诗词的风格影响尤深。李叔同的诗词,题材和风格多样,既有深刻的思想内容，又具精美的艺术形式，外柔内刚，文质兼擅，与早年赵元礼等对他的培养和教诲以及津沽诗坛的浸染不无关系。之后建立的城南诗社又是以严修、赵元礼等人为骨干，故李叔同的诗词创作必然与城南诗社存在诸多的相通之处。由于李叔同与城南诗社同仁均植根于天津诗坛固有的传统，他们之间的诗词交往才有了共同的基础。尽管后来他们之间在诗词风格和倾向上存在某些差异，但李叔同诗词创作的"根"毕竟是在天津。

第三，李叔同在天津具有深厚的人脉和文脉，天津是孕育弘一大师的摇篮。生于天津、长于天津的李叔同及李氏家族，几乎与天津近代所有卓有成就的文人、学者、教育家、书画家都有着千丝万缕的联系。城南诗社活动期间，李叔同虽已经离开天津，在上海又加入了南社，但城南诗社的不少成员都是李叔同旧时的诗友或文友，李叔同的心里一直装着他们，以致后来出家不问世事，也没有断绝与他们的联系。同样的，城南诗社的老友们也始终怀念李叔同，在他六十华诞时还给他写祝寿诗，这又从一个侧面证明李叔同与天津人的情缘，证明李叔同与近代天津文化无法割舍的渊源。可以说，天津不仅是李叔同的出生地，也是成就他一生事业的基石，是孕育这位大师的摇篮。有位学者曾言：他是先在天津基本上完成了由传统向近代的转换，再在日本吸收西方文化，才逐渐成长为近代新文化的执牛耳者。李叔同对天津城南诗社的认知，以及他与城南诗社同仁的交往，为这句话做了一个很好的注脚。